_____

PARA

_____

DE

_____

OCASIÓN

# LA CLAVE DE

# Josué

Editora en Jefe: *Graciela Lelli*
Traducción: *Marina Lorenzin*
Adaptación del diseño al español: *Mauricio Díaz*
ISBN: 978-0-82974-604-4

Impreso en Estados Unidos de América
22 23 24 LSC 9 8 7 6 5 4 3 2

# LA CLAVE DE

# *Josué*

Cincuenta y dos
versículos de las Escrituras
que todo creyente
debe conocer

*O. S. Hawkins*

COUNTRYMAN
®
A Division of Thomas Nelson Publishers

GRUPO NELSON
*Desde 1798*

NASHVILLE   MÉXICO DF.   RÍO DE JANEIRO

PARA SUSIE,
*cuya belleza exterior*
*solo es superada por su*
*belleza interior.*

CON TODO MI AMOR...
CON TODA MI VIDA.

# CONTENIDO

# INTRODUCCIÓN

Hace poco, mientras escuchaba a nuestro nieto de siete años citar de memoria un capítulo completo del libro de Salmos, me di cuenta de que pocos adultos reflexionan, mucho menos son intencionales, acerca de la disciplina de memorizar las Escrituras. ¿Saben, por ejemplo, qué es la clave de Josué? Esta se encuentra en Josué 1.8: «Nunca se apartará de tu boca este libro de la ley, sino que de día y de noche meditarás en él, para que guardes y hagas conforme a todo lo que en él está escrito; porque entonces harás prosperar tu camino, y todo te saldrá bien». La clave de Josué nos desafía a que la Palabra de Dios no se aparte de nuestra boca por medio de la memorización y a guardarla en nuestros corazones al meditar en ella «de día y de noche».

Hoy en día, muchos lectores constantes de la Biblia tienden a pensar que es más importante el *volumen* de las Escrituras que puedan devorar a diario. Los cincuenta y dos capítulos en este libro están diseñados para guiarlos en un recorrido de un año. De esta forma, podrán dedicar una semana para cada escritura en particular, memorizarla y meditar en ella hasta que se encuentre encarnada y se vuelva una parte viviente de nuestro propio ser. Los pastores ocupados o los maestros de la Biblia también pueden utilizar los bocetos en cada capítulo como una guía para desafiar a sus oyentes a que dediquen un año para la memorización y meditación de estos cincuenta y dos versículos de las Escrituras que todo creyente debe conocer.

Mi propia vida fue drásticamente transformada cuando, siendo un joven de diecisiete años, acepté a Cristo como mi Salvador y Señor. En ese entonces, podía contar con una mano el número de veces que recordaba haber asistido a una iglesia, y ni siquiera sabía que Mateo, Marcos, Lucas o Juan eran libros de la Biblia. En la primera semana de mi experiencia como cristiano, alguien me entregó un trozo de papel con la escritura de 1 Corintios 10.13 y entonces, mirándome directamente a los ojos, me dijo: «¡Será mejor que lo memorices porque lo vas a necesitar!». Así comenzó el hábito de memorización de las Escrituras, el cual ha servido para guiarme cada día desde entonces. Ese versículo decía: «No os ha sobrevenido ninguna tentación que no sea humana; pero fiel es Dios, que no os dejará ser tentados más de lo que podéis resistir, sino que dará también juntamente con la tentación la salida, para que podáis soportar». Solo Dios sabe cuántas veces a través de los años he llegado a la esquina de la tentación y este versículo, guardado en mi corazón y en mi memoria, fue declarado con mi boca y me ha guardado en el camino correcto.

La memorización de las Escrituras nos permite llevar la Palabra de Dios con nosotros a todas partes sin tener que cargar nuestras Biblias. Nos permite recibir la Palabra en nuestros corazones, retenerla en nuestras mentes y recitarla con nuestras bocas a fin de declararla con poder. Esto es exactamente lo que nuestro Señor hizo cuando fue tentado en el desierto de Judea. Ante cada tentación que Satanás le presentaba a Jesús en Mateo 4, Jesús le respondía, diciendo: «Escrito está…». La Palabra que es recibida y retenida en nuestros corazones y en nuestras mentes vence las tentaciones cuando se declara con nuestros labios.

La memorización de las Escrituras comienza cuando buscamos comprender el pasaje que queremos memorizar. Por este motivo, usted podrá encontrar un boceto del significado del pasaje acompañando cada capítulo en este volumen. Para la memorización de la Escritura, me ha resultado útil reescribirla de puño y letra, frase por frase, en una pequeña tarjeta. Guardo la tarjeta en mi bolsillo toda la semana, y numerosas veces durante cada día —cuando estoy en mi escritorio, en un semáforo en mi vehículo o en otras ocasiones— simplemente la reviso hasta que pueda memorizar la primera frase, luego la segunda, y así sucesivamente. Me es útil citar de memoria el versículo completo hasta cien veces para «sellarlo» en mi corazón y en mi mente antes de pasar a otro versículo. Repasarlo de manera periódica durante las próximas semanas también es esencial.

Otro aspecto importante de la clave de Josué es que «de día y de noche meditarás en el libro de la ley». A veces, me pregunto si el temor al misticismo oriental les ha robado a algunos cristianos el arte de la meditación. El diccionario Webster's define el término *meditar* como «pensar detenidamente o reflexionar, enfocar los pensamientos propios en un asunto: considerar o ponderar». O, como dice la Biblia: «En esto pensad» (Filipenses 4.8). Esto es exactamente lo que María, la joven virgen de Nazaret, hizo cuando recibió la palabra de que estaba embarazada y luego cuando nació su hijo. María «guardaba todas estas cosas, meditándolas en su corazón»

(Lucas 2.19). Ponderaba, meditaba sobre todas esas cosas. El término griego aquí para meditar es una palabra compuesta que significa «mezclar», como lo hace una cocinera que añade diferentes ingredientes en una olla, los revuelve y los cocina a fuego lento. Esta era la esencia del ruego del salmista en Salmos 19.14 cuando dijo: «Sean gratos los dichos de mi boca y la meditación de mi corazón delante de ti, Oh Jehová, roca mía, y redentor mío». Una de las disciplinas que he hallado útil con respecto a la meditación es repetir el versículo una y otra vez poniendo la inflexión en una palabra diferente cada vez. Es asombroso cuánto conocimiento surge de esta práctica sencilla, tanto para los creyentes jóvenes, como para los más experimentados. Agustín, el padre de la iglesia primitiva dijo: «La Palabra de Dios es lo suficientemente superficial como para no ahogar al joven, pero lo suficientemente profunda como para que los más grandes teólogos no hagan pie».

Así emprendemos nuestro camino para que la clave de Josué se vuelva una parte diaria de nuestras vidas, a medida que recuperamos la belleza de la memorización y meditación de las Escrituras. «Nunca se apartará de tu boca este libro de la ley, sino que de día y de noche meditarás en él, para que guardes y hagas conforme a todo lo que en él está escrito; porque entonces harás prosperar tu camino, y todo te saldrá bien». Creo que hay cincuenta y dos versículos que todo creyente debe saber de memoria. Comencemos este recorrido con el primer versículo de la Biblia.

# 1 TODOS TENEMOS UNA VISIÓN DEL MUNDO

*En el principio, Dios creó los cielos y la tierra.*

GÉNESIS 1.1. NTV

*T*odos tenemos una visión del mundo. Todos vemos la vida a través de algún tipo de lente. Ciertas persuasiones predispuestas o prejuicios en apariencia bien intencionados determinan, de hecho, la manera en que cada uno de nosotros ve el mundo. Actualmente, el hemisferio occidental está envuelto en una gran confrontación entre cosmovisiones competitivas.

Los años de mi niñez transcurrieron en la década de los cincuenta, cuando la visión del mundo judeocristiana se destacaba en Estados Unidos. Nuestros hombres y mujeres jóvenes acababan de regresar de Europa o del Pacífico Sur al término de la Segunda Guerra Mundial. Se casaron con sus novias o novios de la secundaria y comenzaron lo que los sociólogos llaman el «baby boom» [auge de la natalidad]. Éramos personas agradecidas y complacidas. La asistencia a la iglesia era elevada todo el tiempo, y la lectura bíblica tenía lugar a diario en las escuelas públicas. Veíamos nuestro mundo a través de una lente moderna pero moral.

Mi adolescencia transcurrió en los años sesenta. El asesinato del presidente John F. Kennedy marcó el comienzo de esa década, y algo ocurrió con la mentalidad estadounidense. Nos volvimos más introspectivos. Eso comenzó a verse reflejado en la música de esa época. Peter, Paul y Mary cantaban: «The answer, my friend, is blowing in the wind» [La respuesta, amigo mío, está soplando en el viento]. De pronto, nuestra introspección reveló que las respuestas sencillas que creíamos tener ahora eran cuestionadas. Nuestra visión del mundo comenzó a cambiar sutilmente. Para muchos, las respuestas a las preguntas de la vida que creían tener parecían estar «soplando en el viento».

Luego, llegó la década de los setenta, cuyo comienzo fue marcado por el escándalo Watergate, *Roe vs. Wade* y Vietnam. La sociedad se volvió más escéptica. Nuevamente, esto se reflejó en la música de ese tiempo. El gran éxito de Billy Joel en esa época era «Only the Good Die Young» [Solo los buenos mueren jóvenes]. El escepticismo se convirtió en la lente a través de la cual muchos en nuestra cultura empezaron a ver el mundo.

Un poco más tarde, hubo un alivio temporal en la década de los ochenta. Ronald Reagan trajo nuevas esperanzas al hablar sobre aquella «ciudad brillante sobre una colina». Luego, llegaron los años noventa. Cayó el muro de Berlín; la Guerra Fría terminó de manera repentina. Más tarde, el nuevo milenio fue marcado por el atentado del 11 de septiembre de 2001 y la guerra del terror desató un efecto significativo en la visión del mundo de muchos.

Aunque nuestra visión del mundo pueda cambiar a través de las décadas, hay una constante que permanece inmutable. El simple hecho es que nuestra visión del mundo puede determinarse a raíz de nuestra respuesta ante las primeras cuatro palabras de la Biblia: «En el principio, Dios…». Si creemos en estas cuatro palabras, entonces veremos nuestro mundo a través de la lente de las Escrituras, las cuales no cambian. De lo contrario, continuaremos viendo el orbe a través de la lente de la cultura que está en constante cambio.

Quizás no haya otro versículo que esté sujeto a tal abuso y menosprecio como Génesis 1.1. Este demanda las respuestas a tres interrogantes importantes: ¿cuándo?, ¿quién? y ¿qué?

## ¿CUÁNDO? *«En el principio»*

Cabe señalar que la historia no comenzó en Génesis 1.1, sino mucho antes, en los concilios eternos de Dios. Allí encontramos tres cosas: amor, gloria y vida eterna.

Antes de Génesis 1.1, existía el amor. En su oración de intercesión, el Señor Jesús oró: «Padre, aquellos que me has dado, quiero que donde yo estoy, también ellos estén conmigo, para que vean mi gloria que me has dado; porque me has amado desde antes de la fundación del mundo» (Juan 17.24). Antes de la fundación del mundo que señala Génesis 1.1, existía el amor.

De regreso a los recesos eternales de Dios, antes de los acontecimientos de Génesis 1.1, también existía la gloria. Más adelante, en esa misma oración, Jesús oró: «Ahora pues, Padre, glorifícame tú al lado tuyo, con aquella gloria que tuve contigo antes que el mundo fuese» (Juan 17.5). Mucho antes de lo que llamamos el «principio», la gloria de Dios ya existía.

También existía la promesa de la vida eterna antes del «principio». El apóstol Pablo, inspirado por el mismo Espíritu

Santo, en su carta a Tito lo expresó así: «En la esperanza de la vida eterna, la cual Dios, que no miente, prometió desde antes del principio de los siglos» (Tito 1.2). Nuestra esperanza de la vida eterna y su promesa estuvieron allí «desde antes del principio de los siglos», antes del «principio».

Uno no debería pensar en Génesis 1.1 como el principio de todas las cosas, porque «en el principio era el Verbo, y el Verbo era con Dios, y el Verbo era Dios». A fin de que no haya equivocación alguna acerca de quién hablaba, el apóstol Juan añadió: «Y aquel Verbo fue hecho carne, y habitó entre nosotros (y vimos su gloria, gloria como del unigénito del Padre), lleno de gracia y de verdad» (Juan 1.1, 14).

## ¿QUIÉN? *«Dios»*

La Biblia aquí traduce la palabra hebrea *Elohim* como *Dios*. Resulta importante señalar que esta palabra está en su forma plural. Es un sustantivo plural que nos da a entender en el versículo inicial de la Escritura que Dios es uno representado en tres: Padre, Hijo y Espíritu Santo. Es interesante notar que el verbo *creó*, el cual acompaña a este sustantivo, aparece en la forma singular, como si se estuviera burlando de la gramática. Y, sin embargo, debería ser singular en el sentido de que él es el gran tres en uno. Vemos esta verdad revelada más adelante en Génesis 1 cuando leemos: «*Hagamos* al hombre a *nuestra* imagen» (Génesis 1.26, énfasis añadido). Y luego el versículo siguiente dice: «Y creó Dios al hombre a *su* imagen» (v. 27, énfasis añadido).

La doctrina de la Trinidad es uno de los misterios más grandes de la Biblia. No obstante, desde este primer versículo, la idea de la Trinidad se encuentra entretejida a través de toda la Escritura. Por lo general, se ilustra por sus similitudes con el $H_2O$, dos átomos de hidrógeno y uno de oxígeno. Todos sabemos que eso es el agua: un líquido. Sin embargo, también podemos encontrarla en su estado sólido (hielo) o gaseoso (vapor). Y, en todas estas tres manifestaciones, conserva la misma naturaleza: $H_2O$. Sucede del mismo modo con Dios cuando se manifiesta a sí mismo en tres personas.

## ¿QUÉ? *«creó los cielos y la tierra»*

Existe una gran diferencia entre *crear* algo y *hacer* algo. Muchos de nosotros hemos hecho cosas, pero ninguno ha creado algo de la nada. Un ebanista puede hacer un hermoso mueble de madera. Sin embargo, es totalmente incapaz de crear la madera. El término hebreo del cual se tradujo *creó* en Génesis 1.1 lleva la connotación de que algo es creado de la nada.

El universo físico fue creado por la palabra de Dios. ¿Es posible que, en la vasta expansión por encima de nosotros, el sistema solar, las constelaciones y el espacio inmensurable, con sus miles de millones de estrellas moviéndose con la precisión de un reloj, hagan esto sin un maestro Creador y Diseñador? ¿Puede ser también posible que nadie más entre los miles de millones de personas que viven en el planeta tenga el mismo ADN o una huella digital igual a la suya? ¿Y es esa clase de creatividad y variedad siquiera posible sin alguien detrás de todo, quien lo considera a usted como indescriptiblemente valioso?

Al memorizar Génesis 1.1 esta semana, medite en el rico significado de cada una de estas palabras sagradas y recuerde que estas primeras cuatro palabras de la Biblia determinan nuestra visión personal del mundo. Sí, ciertamente: «¡En el principio, Dios!». Que estas cuatro palabras puedan ser la lente a través de la cual usted construya su visión del mundo.

# 2 EL VERSÍCULO MÁS CITADO DE LA BIBLIA

*Porque de tal manera amó Dios al mundo, que ha dado a su Hijo unigénito, para que todo aquel que en él cree, no se pierda, mas tenga vida eterna.*

JUAN 3.16

Si alguna vez memorizamos un versículo de la Escritura, es muy probable que haya sido Juan 3.16. Es el versículo que se oye con mayor frecuencia en la simplicidad y belleza de la voz de un pequeño niño que lo recita orgullosamente de memoria. Es el único versículo que aparece en las grandes pancartas en los partidos de fútbol y en otros eventos deportivos importantes. A esos letreros se los ubica donde las cámaras de televisión no puedan evitar su mensaje. Este es el versículo sobre el que han hablado muchos santos mientras exhalaban su último aliento. Es un resumen de todo el evangelio.

Angel Martínez, el evangelista ya fallecido, quien había memorizado todo el Nuevo Testamento, se refirió a Juan 3.16 como la fórmula de salvación, y observó que contenía cuatro verdades muy esclarecedoras. Es el evangelio en un versículo. Nos revela la causa de la salvación, su precio, su condición y su consecuencia.

# LA CAUSA DE LA SALVACIÓN
*«Porque de tal manera amó Dios al mundo»*

El factor motivador detrás del plan de redención de Dios para cada hombre y mujer es su amor por nosotros. No solo él nos ama, ¡sino que nos ama de *tal* manera! Más tarde, el apóstol Pablo buscaría describir este amor al hablar de la «anchura, la longitud, la profundidad y la altura» (Efesios 3.18). «Dios es amor» (1 Juan 4.16), y esta fuerte emoción es la que provoca la posibilidad de nuestra redención; conocerle en una relación íntima de Padre e hijo. El amor de Dios por usted es la causa motivadora de la salvación. «Porque de tal manera amó Dios…».

# EL PRECIO DE LA SALVACIÓN
*«que ha dado a su Hijo unigénito»*

Nuestra salvación, el perdón gratuito de nuestros pecados, y la promesa de una vida abundante y eterna en Cristo tuvieron un alto precio. La libertad nunca es gratis; siempre es comprada con sangre. Desde los primeros capítulos de Génesis, hay un hilo escarlata entretejido a través de las páginas de las Escrituras que revelan la sangre de la expiación. Tiene su culminación en el sacrificio final y completo por los pecados en una cruz romana a las afueras de las puertas de la ciudad de Jerusalén. Jesús habló no solo de su amor por nosotros, «mas Dios muestra su amor para con nosotros, en que siendo aún pecadores, Cristo murió por nosotros» (Romanos 5.8). Nuestra salvación en Cristo tuvo un alto precio: Dios «ha dado a su Hijo unigénito».

# LA CONDICIÓN DE LA SALVACIÓN

*«para que todo aquel que en él cree»*

La salvación no se obtiene por obras, sino por medio de la fe. Sin embargo, muchas personas creen que sus buenas obras son el camino hacia la vida eterna. Consecuentemente, hacen esto o aquello o dejan de hacer esto o aquello, todo para ganarse la salvación. Pero nuestra salvación es un hecho consumado. Ya ha sido comprada con la sangre de Cristo derramada en la cruz. Nuestra parte es creer, transferir la confianza que tenemos en nosotros mismos y nuestros propios esfuerzos a la obra consumada en la cruz del Calvario.

Creer no significa simplemente estar de acuerdo con lo que Cristo dijo. Significa depositar nuestra confianza solo en él para alcanzar nuestra salvación. La pregunta más directa de toda la Biblia se la hace un carcelero de Filipo al apóstol Pablo: «¿Qué debo hacer para ser salvo?» (Hechos 16.30). La respuesta inmediata de Pablo se encuentra en el versículo siguiente: «Cree en el Señor Jesucristo, y serás salvo». Le creo *a* George Washington, pero no creo *en* él; no le confío mi vida a él. La condición de la salvación es por medio de la fe —y solo por fe— en la obra terminada del Señor Jesucristo.

# LA CONSECUENCIA DE LA SALVACIÓN

*«no se pierda, mas tenga vida eterna»*

¡Qué consecuencia! ¡Qué promesa! Aquellos sin Cristo se perderán, pero los que están en Cristo tienen la promesa de la «vida eterna». No es a causa de nuestros propios esfuerzos, nuestra moral o nuestras buenas obras, sino que la promesa es para todo aquel que reconozca que el amor de Dios derramado por nosotros fue hecho posible por medio del precio que pagó Cristo, y que solo puede recibirse por gracia por medio de la fe; creyendo en el Señor Jesucristo.

Un viejo sabio desconocido una vez explicó Juan 3.16 de esta manera:

> *Porque de tal manera amó…* el mayor de los favores
> *Dios…* el mayor amante
> *al mundo…* la mayor multitud
> *que ha dado…* el mayor acto
> *a su Hijo unigénito…* el mayor regalo
> *para que todo aquel…* la mayor oportunidad
> *que en él cree…* la mayor simplicidad
> *no se pierda…* la mayor promesa
> *mas…* la mayor diferencia
> *tenga…* la mayor certeza
> *vida eterna…* la mayor posesión

Al memorizar el conocido y tan citado versículo de esta semana, medite en el hecho de que el amor siempre se puede poner en acción, y recuerde que «de tal manera amó Dios al mundo, que ha dado a su Hijo unigénito». Sí, Dios lo conoce, lo ama y tiene un plan maravilloso para su vida.

# 3 MARAVILLOSA GRACIA

*Porque por gracia sois salvos por medio de la fe; y esto*
*no de vosotros, pues es don de Dios.*

EFESIOS 2.8

❧❧❧❧❧❧❧❧❧❧❧❧

*E*l cristianismo siempre ha sido intercultural. Su mensaje trasciende las distintas culturas del mundo. Sus orígenes se remontan a la cultura judía del Medio Oriente del siglo primero. Más tarde, impactó fuertemente a una cultura europea sofisticada. Luego, continuó extendiéndose hacia el occidente y se convirtió en el fundamento de la cultura del Nuevo Mundo. En la actualidad, está creciendo exponencialmente en la cultura oriental.

A veces, la iglesia moderna olvida que la fe cristiana no es simplemente intercultural, sino que además siempre ha sido contracultural. Hoy la cultura occidental nos dice de mil maneras que existen muchos caminos que conducen a la vida eterna. Muchos sostienen que todos vamos hacia el mismo lugar, solo que llegaremos allí por diferentes vías. Sin embargo, la Biblia nos recuerda que «hay camino que al hombre le parece derecho; pero su fin es camino de muerte» (Proverbios 14.12). La salvación es obra de Dios, a la manera de Dios y según su voluntad.

# LA SALVACIÓN ES OBRA DE DIOS

*«por gracia sois salvos»*

¿Dónde se origina nuestra salvación? Hoy en día, muchos creen que es obra del hombre, que uno puede merecer el favor de Dios haciendo buenas obras. Pero el cristianismo es contracultural. La salvación tuvo sus orígenes mucho antes en los concilios eternos de Dios en la eternidad pasada. Más adelante en esta carta a los efesios, el apóstol Pablo dijo que Dios «nos escogió en él antes de la fundación del mundo, para que fuésemos santos y sin mancha delante de él» (1.4). La salvación es obra de Dios.

Nuestra salvación es «por gracia» y no está sujeta a las buenas obras que podamos o no haber hecho. Nos ha sido dada exclusivamente a causa de su gracia, su favor inmerecido. El Padre no envió al Señor Jesús a morir por nuestros pecados porque no cesábamos de rogarle y suplicarle que lo hiciera. Fue solo por su infinita gracia. Existe una diferencia entre la misericordia y la gracia. La misericordia es *no* recibir aquello que sí merecemos; la gracia es recibir aquello que *no* merecemos. ¡Con razón decimos que es maravillosa!

# LA SALVACIÓN ES OBRA DE DIOS A LA MANERA DE DIOS

*«por medio de la fe... no de vosotros... es don de Dios»*

Cada vez que leo este versículo, me dan ganas de gritar esas palabras a los aires: ¡«Por medio de la fe; y esto no de vosotros, pues es don de Dios»! Y, en ese contexto, el siguiente versículo continúa diciendo: «no por obras, para que nadie se gloríe» (Efesios 2.8-9). La Escritura afirma que nuestra salvación es por gracia y por medio de la fe; es decir, al confiar solo en Dios. La preposición griega que precede a la palabra *fe* indica que nuestra fe es el canal a través del cual nuestra salvación fluye de Dios a nosotros. Es *por medio de* la fe. En Israel, los arqueólogos han descubierto un antiguo acueducto a través del cual los romanos traían el agua fresca desde el monte Carmelo ubicado en el norte hasta la ciudad portuaria de Cesarea. El mismo yace hoy como un recordatorio, una imagen gráfica, de cómo nuestra propia fe es el acueducto por medio del cual las aguas vivas de la gracia salvadora de Dios fluyen a nosotros.

La repetición de Pablo de esta verdad en cuanto a que la salvación no es «de vosotros» y no es «por obras» enfatiza este punto. Vaya ahora a la India, y la religión de las masas le mostrará a algunos seguidores empujando carros con ganchos gigantes en la parte trasera, otros acostándose sobre camas de clavos e incluso otros que se zambullen en el río Ganges. Hacen todas estas cosas en un débil intento por apaciguar al Todopoderoso. Pero es «por gracia… por medio de la fe; y esto no de vosotros, pues es don de Dios». Ciertos seguidores del islam hoy están dispuestos a morir en yihad con la esperanza de ir al cielo de inmediato y ser recibidos por docenas de vírgenes. En Latinoamérica, uno puede encontrar personas en las fiestas de precepto subiendo de rodillas por caminos rocosos hasta la cima de las montañas para ser clavados en cruces, todo a causa de sus búsquedas morbosas de castigo. Pero es «por gracia… por medio de la fe; y esto no de vosotros, pues es don de Dios».

Existen solo dos religiones en nuestro mundo: la religión verdadera y la religión falsa. Una es una religión de obras mientras que la otra se obtiene gratuitamente «por gracia... por medio de la fe». Ningún tipo de esfuerzo humano, buenas acciones u ofrendas de nuestros recursos puede comprar el favor de Dios. Y lo que no deja de asombrarme es que Dios nos ofrece gratuitamente este don increíble, y aun así tenemos que animar y exhortar a la gente para que lo reciba. La salvación es obra de Dios («por gracia») a la manera de Dios («por medio de la fe»).

## LA SALVACIÓN ES OBRA DE DIOS, A LA MANERA DE DIOS, SEGÚN SU VOLUNTAD

Efesios 2.8-9 no puede expresarse aisladamente sin el contexto del versículo 10: «Porque somos hechura suya, creados en Cristo Jesús para buenas obras, las cuales Dios preparó de antemano para que anduviésemos en ellas». Este es un pensamiento maravilloso: «somos hechura suya». De hecho, la palabra «hechura» en el original griego es *poema*. Usted es una creación especial de Dios, su propia obra de arte. Él lo diseñó y lo formó de tal manera que nadie más tiene un ADN como el suyo. Usted es único para él e indescriptiblemente valioso. Es hechura de Dios, su obra maestra.

El creyente es una nueva creación. Es «creado en Cristo Jesús». Pablo, en su carta a los corintios, abordó este mismo tema cuando afirmó: «De modo que si alguno está en Cristo, nueva criatura es; las cosas viejas pasaron; he aquí todas son hechas nuevas» (2 Corintios 5.17). Los cristianos no son hombres y mujeres que han mejorado porque aceptaron un nuevo conjunto de normas morales. Son nuevas criaturas en Cristo Jesús, su «poema» especial. En este sentido, la vida cristiana no es simplemente un cambio de vida, sino un intercambio de vida.

Y Dios «preparó de antemano» todo esto «para que anduviésemos» con él. La salvación no solo es su obra hecha a su manera, sino que además es de acuerdo con su voluntad.

Al memorizar el valioso versículo de esta semana, medite en el hecho de que Dios ha abierto un camino donde no lo había para todo aquel que se acerque a él por medio de la fe en su obra completa de redención. ¡Y todo es por su maravillosa gracia! Ciertamente, la salvación es obra de Dios, a la manera de Dios y según su voluntad.

# 4 UN SALMO PARA TODAS LAS EDADES

*El Señor es mi pastor, nada me falta.*

SALMOS 23.1, NVI

※※※※※※※※※※※※※※

*E*n la práctica, toda persona instruida en el mundo hispanohablante ha oído las palabras de este salmo del rey David. Algunos de nuestros primeros recuerdos se encuentran asociados con este pasaje poético. Es como si nunca pasara de moda. De hecho, cuando leemos estas líneas, seguimos encontrando un nuevo significado. Al igual que Juan 3.16, estas palabras fueron pronunciadas por muchos soldados debajo de un cielo estrellado, durante una oscura noche en una trinchera en algún campo de batalla remoto. Estas son las palabras que muchos recitan al morir en sus lechos de aflicción. Estas palabras, como una canción de cuna para quitar el miedo, han traído esperanza y paz a millones de personas a través de los siglos.

Antes de que David se convirtiera en rey, era un pastor de ovejas en los pastizales de Belén. Más adelante, cuando escribió este salmo, David reflexionó sobre aquellos días con sus ovejas. Solo un pastor pudo haber escrito con la profundidad que hallamos en estos seis versículos cortos que conforman el salmo veintitrés.

Uno debería leer detenidamente estas cinco primeras palabras del salmo: «El… Señor… es… mi… pastor». Estas cinco palabras son la clave y constituyen el fundamento de todo el salmo. Una vez selladas en nuestros corazones, estas palabras nos revelarán mucho acerca de nuestra relación con este buen y gran pastor.

## ÉL ES PREEMINENTE
### «EL Señor es mi pastor»

La Escritura no dice «*Un* señor es mi pastor». Dice «*El* Señor es mi pastor». No existe otro Señor. Nadie se compara a él. Usted habla de Washington y yo puedo hablar de Lincoln. Usted habla de Beethoven y yo puedo hablar de Handel. Usted habla de Alejandro y yo puedo hablar de Napoleón. Pero cuando se trata de Cristo, no tiene semejantes que se le comparen. ¡Solo hay un Señor! La palabra hebrea traducida como *Señor* aquí en Salmos 23 es *Yahweh*. Los judíos consideraban este nombre tan santo, y se asombraban de tal manera del mismo, que ni siquiera lo pronunciaban públicamente.

Solo los libros celestiales han registrado cuántos mártires en la iglesia primitiva entregaron sus vidas porque insistían en la verdad de estas primeras dos palabras de este salmo: *el Señor*. No estaban dispuestos a inclinarse para profesar a César como señor. Daban sus vidas porque estaban convencidos de que existía solo un Señor y su dulce nombre era Jesús. Nuestro Dios aún tiene la preeminencia. Él es *el* único y verdadero Señor.

# ÉL ESTÁ PRESENTE

*«El Señor ES mi pastor»*

Vaya, la profundidad del significado de esta palabra de dos letras. Este gran y preeminente Señor está conmigo ahora mismo: «El Señor *es* mi pastor». No se habla en tiempo pasado. No dice: «El Señor fue mi pastor». Tampoco está en tiempo futuro. No dice: «El Señor será mi pastor». Él está presente: «El Señor *es* mi pastor». Él está con nosotros en este preciso momento para suplir nuestras necesidades.

Mucho antes, en un desierto egipcio, Dios llamó a Moisés desde una zarza ardiente para convertirse en el gran emancipador de su pueblo. Cuando Moisés por un momento se resistió a presentarse ante el faraón, le preguntó a Dios qué debería responder si le preguntasen quién lo había enviado. Dios le respondió: «YO SOY EL QUE SOY… Así dirás… YO SOY me envió a vosotros» (Éxodo 3.14). A diferencia de otras religiones de este mundo, no creemos en un líder que desde hace tiempo no está entre nosotros o en alguien que ha de venir. Él es el gran «YO SOY», no el gran «YO FUI» ni el gran «YO SERÉ». No es de extrañar que David dijera: «El Señor *es* mi pastor». David reforzaría este concepto en el versículo inicial de Salmos 46, al expresar: «Dios es nuestro amparo y fortaleza, nuestro pronto auxilio en las tribulaciones».

# ÉL ES PERSONAL

*«El Señor es MI pastor»*

Existe una enorme diferencia entre decir: «El Señor es *un* pastor» y decir: «El Señor es *mi* pastor». En las circunstancias y situaciones de la vida esta pequeña palabra marca una gran diferencia. Podemos enterarnos de que el hijo de algún conocido está terriblemente enfermo, y sentiremos compasión y pena por él. Pero qué diferente sería la situación si se tratara de *mi* hijo. El salmista no habla sobre cualquier pastor. Este es *mi* pastor.

Esta pequeña palabra de dos letras constituye una adición asombrosa al texto. No somos simplemente insignificantes partículas de protoplasma en este vasto despliegue de sistemas solares. El hecho de que el Dios de este universo se interese en mí de manera personal le da un propósito y significado a mi corta existencia en este pequeño planeta dentro de tan vasta expansión. ¡Oh, cuán maravilloso es este pensamiento! ¡Él es *mi* pastor!

Sin embargo, por desdicha, no todos pueden decir esto. Nuestra fe en Jesús debe ser personal a fin de conocerle. Aquellos que han puesto su confianza en Cristo lo conocen con la intimidad de Padre e hijo, de pastor y oveja. Jesús lo dijo así: «Mis ovejas oyen mi voz, y yo las conozco, y me siguen, y yo les doy vida eterna; y no perecerán jamás, ni nadie las arrebatará de mi mano» (Juan 10.27-28). Las ovejas de Cristo reconocen su voz y le siguen. Él es personal. Él es *mi* pastor.

## ÉL ES PROTECTOR
### *«El Señor es mi PASTOR»*

Mil años después de que el rey David escribiera estas palabras, hubo alguien que dijo: «Yo soy el buen pastor; el buen pastor su vida da por las ovejas» (Juan 10.11). Cuando leemos Salmos 23, estamos leyendo sobre este gran Pastor-Salvador.

Nuestro pastor es protector. Esta es la naturaleza misma de un pastor. Sin un buen pastor, las ovejas no podrían encontrar agua ni satisfacer otras necesidades vitales. El pastor está en constante vigilia, atento a la presencia de animales salvajes u otros peligros que podrían herir a sus ovejas. Un buen pastor va en búsqueda de la oveja que se ha descarriado del redil. ¿Acaso podría uno olvidar la historia que contó Jesús sobre la oveja perdida en Lucas 15? Sin un pastor, las ovejas son prácticamente indefensas. No pueden encontrar su camino a través de los pasos de montaña traicioneros ni correr lo suficientemente rápido para escapar del depredador, ni son lo suficientemente fuertes para defenderse a sí mismas. De hecho, las ovejas no están preparadas para huir ni para luchar. Del mismo modo que las ovejas necesitan de un pastor, así también nosotros necesitamos de nuestro pastor. Sí, «el Señor es mi *pastor*».

Un último pensamiento: si alguna vez ha observado a un pastor con sus ovejas, quizás haya hecho una consideración perspicaz. El pastor siempre va delante de las ovejas; nunca va detrás. Los pastores guían las ovejas; no las llevan como los ganaderos hacen con sus ganados. El pastor las guía y las ovejas le siguen. Nuestro Señor nunca va a forzarnos o a llevarnos en contra de nuestra voluntad. Sin embargo, él nos guiará. Todo lo que tenemos que hacer es seguirlo. Podemos confiar en aquel que ha dado su vida por sus ovejas.

Quizás en esta semana usted quiera memorizar los seis versículos de Salmos 23. Y, al hacerlo, medite en el hecho de que nuestro Dios es preeminente, presente, personal y protector. Ciertamente, «el… Señor… es… mi… pastor».

# 5 EL SECRETO FAMILIAR

*Y sabemos que a los que aman a Dios, todas las cosas
les ayudan a bien, esto es, a los que conforme a su
propósito son llamados.*

ROMANOS 8.28

Todo aquel que fue criado en un entorno familiar tiene sus propios secretos familiares. Esta pequeña dosis de realidad es mejor mantenerla dentro del círculo familiar. Para algunos, estos tipos de secretos son oscuros y están ocultos en los recovecos de la mente. Para la mayoría de nosotros, estos secretos son irrelevantes, espontáneos, tal vez un poco embarazosos y, a menudo, muy divertidos.

¿Sabía usted que aquellos que pertenecemos a la familia de Dios también tenemos un secreto familiar? Hay algo que nosotros sabemos y que aquellos que no son parte de la familia eterna de Dios desconocen. Nuestro secreto familiar se encuentra en el versículo de esta semana: Romanos 8.28. En numerosas ocasiones a lo largo de mi propio peregrinaje cristiano, he subido a la cima de este versículo y hallado refugio y esperanza en tiempos de confusión o necesidad. Existen cuatro factores relacionados con «el secreto familiar» que todo creyente debe conocer.

# EL SECRETO FAMILIAR ES CONFIDENCIAL

*«Y sabemos…»*

Note cuidadosamente que el sujeto tácito es *nosotros*. Sí, *nosotros* sabemos. Este versículo no fue escrito para que el mundo lo comprendiera. Para la persona inconversa, estas palabras son locura y carecen de sentido. No las puede entender. ¿Por qué? Porque este es nuestro secreto familiar: «¡Y sabemos!». Este versículo solo aplica a los verdaderos creyentes. Confronta a los existencialistas, que no encuentran un propósito real en la historia, o no hallan explicación para la muerte repentina, las enfermedades u otros sufrimientos en la vida. El cristiano llega y dice: «Sí, hay un propósito, pero es un secreto familiar… "*y sabemos* que a los que aman a Dios, todas las cosas les ayudan a bien, esto es, a los que conforme a su propósito son llamados"».

Resulta interesante notar que la Biblia traduce la palabra *saber* de una palabra griega que significa que no es necesario tener un conocimiento experiencial; solo sabemos intuitivamente. Tenemos un secreto familiar dentro de la familia de Dios. Es confidencial, pero ¡sabemos!

# EL SECRETO FAMILIAR ES CONSTRUCTIVO

*«las cosas les ayudan a bien»*

Este es uno de los pensamientos más reconfortantes de todas las Escrituras: Dios dispone todas las cosas que nos suceden en la vida para nuestro bien. Es decir, son constructivas. Al recordar nuestras experiencias como cristianos, ¿cuántas circunstancias que quizás hayamos creído en ese momento que eran catastróficas, finalmente, ayudaron a nuestro bien? Sí, las cosas nos «ayudan a bien», no por accidente ni por casualidad. Dios mismo está detrás de escena en cada una de nuestras vidas.

La palabra griega *synergia* traduce toda esta frase en el idioma del Nuevo Testamento. Obtenemos nuestra palabra *sinergia* al transliterar este antiguo término. Existe un principio constructivo y sinérgico activo en nuestro secreto familiar. Desde luego, esto no significa que todo lo que suceda sea bueno. De hecho, muchos son confrontados con circunstancias adversas. Hay crisis financieras, enfermedades y decepciones *ad infinitum*. Sin embargo, sí quiere decir que Dios puede tomar nuestros errores y fracasos y tornarlos para nuestro bien. El rey David comprendió este principio y registró las siguientes palabras conmovedoras para toda la posteridad: «Bueno me es haber sido humillado, para que aprenda tus estatutos» (Salmos 119.71). Como creyentes, tenemos un secreto familiar muy especial, el cual es confidencial y constructivo.

## EL SECRETO FAMILIAR ES INTEGRAL
### *«TODAS LAS COSAS les ayudan a bien»*

Cuando medito en estas palabras, no puedo evitar preguntarme: «¿Puedo realmente creer esto?». Si el apóstol Pablo hubiera dicho «algunas cosas» o «muchas cosas» o incluso «la mayoría de las cosas», habría sido un poco más aceptable. Pero ¿«todas las cosas»? *Todas las cosas* pueden abarcar los hechos injustos. Sin duda, este fue el caso de José, quien fue vendido como esclavo y luego acusado falsamente de una transgresión que lo condenó a prisión en Egipto. *Todas las cosas* pueden abarcar situaciones difíciles. Ciertamente, esto fue verdad para Pablo que naufragó en Malta, fue apedreado en Listra, y dado por muerto, golpeado y maltratado a lo largo de los años de sus viajes misioneros. Él sabía, por experiencia propia, aquello que el Espíritu Santo lo guio a redactar cuando escribió las palabras de nuestro secreto familiar.

Así es, ¿qué hacen *todas* las cosas? *Ayudan.* ¿A qué? *A bien.* Por ejemplo, no me gustaría sentarme a comer un plato de bicarbonato de sodio. Por sí solo, el bicarbonato de sodio es desagradable. Tampoco quisiera comer una buena porción de harina. Sin embargo, si los unimos, añadimos algunos otros ingredientes, los mezclamos y los ponemos en el horno, se convierten en galletas. ¡Y me encantan las galletas! Todas las cosas, no necesariamente en sí mismas, sino cuando se unen en el tapiz de la cruz, obran para nuestro bien y para la gloria de Dios. Este secreto familiar no solo es constructivo, sino que además es integral. Ciertamente, *todas* las cosas nos ayudan a bien en este preciso momento.

## EL SECRETO FAMILIAR ES CONDICIONAL *«a los que aman a Dios…, a los que conforme a su propósito son llamados»*

Una encuesta extraoficial les solicitaba a los miembros que asistían a la iglesia los domingos por la mañana que citaran Romanos 8.28. La mayoría de ellos omitían la primera frase: «Y sabemos». Simplemente comenzaban con la frase «a los que aman a Dios, todas las cosas les ayudan a bien». Pero, curiosamente, también omitían la última frase que dice: «A los que conforme a su propósito son llamados».

Nuestro secreto familiar es condicional. No es una promesa universal, tampoco incondicional. Está dirigido a aquellos que «aman a Dios». Quienes no le aman, por lo general, se sienten resentidos por ciertas circunstancias que tienen que afrontar. Solo aquellos que le aman y sienten que hay un propósito en sus vidas pueden comprender la profunda verdad de Romanos 8.28 y decir con Job: «Desnudo salí del vientre de mi madre, y desnudo volveré allá. Jehová dio, y Jehová quitó; sea el nombre de Jehová bendito» (Job 1.21).

El amor se demuestra. En la Biblia, este siempre conlleva una acción. Jesús dijo: «Si me amáis, guardad mis mandamientos» (Juan 14.15). Juan lo planteó de este modo: «Pues este es el amor a Dios, que guardemos sus mandamientos» (1 Juan 5.3). De esta manera, llegamos a las preguntas finales: ¿amamos a Dios? ¿Sentimos que somos llamados conforme a su propósito para nuestras vidas? Amar a Dios y permanecer en su voluntad —su propósito— es la condición por medio de la cual recibimos la verdad de este versículo en nuestros corazones.

Al memorizar Romanos 8.28 esta semana, medite en la profunda realidad de que Dios ve y conoce todo lo que se nos presenta. Él tiene su propia manera maravillosa de tornar nuestra amargura en bendición. Tenemos ese secreto familiar en la familia eterna de Dios.

# 6 LA PRIMACÍA DEL SER SOBRE EL HACER

*Bienaventurados los que tienen hambre y sed de justicia, porque ellos serán saciados.*

MATEO 5.6

El Señor comenzó su famoso Sermón del monte con una serie de versículos que se conocen como las bienaventuranzas. Nuestro versículo para esta semana se encuentra justo en el medio de esta sección. Todas las bienaventuranzas que le anteceden apuntan a este y todos los versículos que le siguen surgen del mismo. Es importante comprender qué es lo que el Señor está tratando de decirnos aquí. Estas bienaventuranzas se enfocan en el *ser* y no en el *hacer*. El ser tiene la primacía sobre el hacer, porque lo que hacemos siempre está determinado por lo que somos.

Las bienaventuranzas no son un conjunto de normas, como los Diez Mandamientos, según las cuales debemos vivir. Los Diez Mandamientos tienen que ver con acciones; las bienaventuranzas tienen que ver con actitudes. Los Diez Mandamientos tienen que ver con la conducta; las bienaventuranzas tienen que ver con el carácter. ¿Por qué es tan importante que como creyentes incorporemos estas bienaventuranzas a nuestro ser?

Porque nuestras acciones fluyen de nuestras actitudes, y nuestra conducta es producto de nuestro carácter. Emprendamos este viaje hacia una vida guiada por el Espíritu Santo.

## EL CAMINO HACIA UNA VIDA DE BENDICIÓN *Mateo 5.3-5*

Este camino comienza con la primera bienaventuranza: «Bienaventurados los pobres en espíritu, porque de ellos es el reino de los cielos» (Mateo 5.3). Aquí no se está sobrevaluando la pobreza. Note que se refiere a los pobres en *espíritu*. Es decir, bienaventurados los que se dan cuenta de su pobreza extrema, espiritualmente hablando, separados del Señor Jesucristo.

El paso siguiente en este camino se encuentra en la segunda bienaventuranza: «Bienaventurados los que lloran, porque ellos recibirán consolación» (v. 4). No es suficiente solo darse cuenta de que sin Cristo somos empobrecidos espiritualmente. La bendición emana del hecho de que nos sentimos cargados por ello, apenados por nuestra condición espiritual y lloramos ante esta situación. Isaías estuvo en esa posición y exclamó: «¡Ay de mí!» (Isaías 6.5). Job dijo: «Por tanto me aborrezco» (Job 42.6). Pedro expresó: «Apártate de mí, Señor, porque soy hombre pecador» (Lucas 5.8).

El último paso en este tramo del camino se encuentra en la siguiente bienaventuranza: «Bienaventurados los mansos, porque ellos recibirán la tierra por heredad» (v. 5). La ilustración de esta palabra griega, que en español se tradujo como «manso», es de un animal que ha sido domesticado. Por ejemplo, un caballo salvaje que es montado y domado por un vaquero, de modo que comienza a andar, girar o detenerse con un ligero movimiento de las riendas. La voluntad del caballo ha sido quebrada y sometida a la voluntad del amo. Del mismo modo sucede con los creyentes conocedores de la vida guiada por el Espíritu. En primer lugar, se dan cuenta de que sin Cristo son espiritualmente pobres. Esto produce una carga en sus corazones y lloran por su condición espiritual. Esto los lleva a someterse bajo el control de su Maestro, de modo tal que su voluntad se pierde en la voluntad del Maestro. Y así, nos unimos a Jesús en su ruego en Getsemaní: «No se haga mi voluntad, sino la tuya» (Lucas 22.42).

## EL PASADIZO HACIA UNA VIDA DE BENDICIÓN *Mateo 5.6*

Aquí, en la cuarta bienaventuranza, llegamos al pasadizo hacia una vida de bendición: «Bienaventurados los que tienen hambre y sed de justicia, porque ellos serán saciados» (Mateo 5.6). No se trata de los hambrientos y sedientos de felicidad, quienes serán saciados, sino de aquellos que procuran la justicia de Cristo en sus propias vidas. Resulta verdaderamente irónico que los que serán saciados no serán los que hayan alcanzado la justicia, sino los que tienen «hambre y sed» de ella. Hay un principio paradójico en juego aquí. El creyente que está hambriento y sediento es al mismo tiempo saciado en el proceso.

En mi antigua iglesia, había un gran ministerio dedicado a las personas de nuestra ciudad que no tenían hogar. Hasta cuatrocientas camas daban refugio a multitudes de hombres y mujeres cada noche, y en algunos días muchas más personas eran alimentadas con una comida caliente. Noté algo acerca de los hombres que verdaderamente estaban hambrientos. Solía observarlos mientras hacían fila para ingresar al edificio. Un hombre hambriento es un hombre humilde. Más de un hombre hacía esa fila, tal vez con una gorra sucia enrollada en sus manos, mientras esperaba por un plato de comida con su cabeza inclinada en señal de humildad. Jesús dijo: «Bienaventurados los que tienen hambre y sed de justicia, porque ellos serán saciados». Aquellos que son saciados con lo mejor de Dios son los que con un espíritu humilde tienen hambre y sed de las cosas de Dios.

## LAS EVIDENCIAS DE UNA VIDA DE BENDICIÓN *Mateo 5.7-10*

Las primeras tres bienaventuranzas nos muestran el camino, la siguiente nos muestra el pasadizo y las bienaventuranzas finales nos revelan la evidencia de que una persona está viviendo una vida guiada por el Espíritu. La primera evidencia se encuentra aquí: «Bienaventurados los misericordiosos, porque ellos alcanzarán misericordia» (Mateo 5.7). Si recibimos misericordia, nuestra primera reacción será ser misericordiosos con aquellos a nuestro alrededor. Muéstreme a alguien hambriento de justicia y yo le mostraré a alguien que tiene misericordia. Por el contrario, muéstreme a alguien que no tenga misericordia hacia su prójimo y yo le mostraré a alguien que no ha andado por el camino de la bendición, mucho menos ha entrado en su pasadizo.

La segunda evidencia de una vida guiada por el Espíritu se encuentra en estas palabras: «Bienaventurados los de limpio corazón, porque ellos verán a Dios» (v. 8). Tener un corazón puro en intenciones y moralidad se vuelve tan natural como el agua que corre cuesta abajo para el hombre que busca a Dios.

La tercera evidencia se encuentra en la siguiente bienaventuranza: «Bienaventurados los pacificadores, porque ellos serán llamados hijos de Dios» (v. 9). Note que Cristo aquí pronuncia una bendición para los «pacificadores», no para los amantes de la paz. Estos pacificadores son los que activamente promocionan la unidad entre la familia de Dios. Y note que no son hechos hijos de Dios por sus manifestaciones externas, sino que son «llamados» hijos de Dios. Serán reconocidos por otros como tales. Muéstreme a alguien que trate de sembrar semillas de discordia y yo le mostraré a alguien que no está sediento de las cosas de Dios. Por otra parte, muéstreme creyentes que busquen agradar el corazón de Dios y yo le mostraré gente que vive en amor y unidad con quienes le rodean.

Al meditar en estas palabras de Cristo, deberíamos preguntarnos: *¿estoy siendo misericordioso aun con aquellos que pueden no merecerlo? ¿Está mi corazón limpio? ¿Promuevo el amor y la unidad con quienes me rodean?*

Por último, Jesús dijo: «Bienaventurados los que padecen persecución por causa de la justicia, porque de ellos es el reino de los cielos» (Mateo 5.10). Muéstreme a alguien que nunca encuentra obstáculos espirituales y yo le mostraré a alguien que no tiene hambre de las cosas de Dios. Si no nos enfrentamos con el diablo de vez en cuando, ¡es muy probable que estemos yendo en su misma dirección! Por lo general, una de las evidencias de una vida guiada por el Espíritu es la confrontación espiritual e incluso los conflictos «por causa de la justicia».

Resulta interesante notar que estas bienaventuranzas comienzan en el versículo 3 y terminan en el versículo 10 con la misma promesa: «Porque de ellos es el reino de los cielos». ¿Acaso podría ser una manera sutil por parte de Dios de recordarnos que «nuestra ciudadanía está en los cielos» (Filipenses 3.20), y que aunque vivimos e interactuamos aquí en este mundo físico somos, de hecho, ciudadanos de otro reino, uno que perdura a través de todas las edades por la eternidad?

Al memorizar el versículo de esta semana, medite en el hecho de que Dios tiene una vida de bendición para usted, y recuerde la primacía del *ser* sobre el *hacer,* porque lo que hacemos siempre está determinado por lo que somos. O, en el caso del creyente, ¡*de quién* somos! ¡Sí! «Bienaventurados los que tienen hambre y sed de justicia, porque ellos serán saciados».

# 7 EL REMEDIO DE DIOS PARA EL PECADO DEL HOMBRE

*Todos nosotros nos descarriamos como ovejas, cada cual se apartó por su camino; mas Jehová cargó en él el pecado de todos nosotros.*

ISAÍAS 53.6

En los primeros capítulos de Génesis, cuando Dios sacrificó a un animal inocente y cubrió con su piel la desnudez de Adán y Eva, el sol de la revelación redentora de Dios concerniente a Cristo y a la cruz comenzó a brillar. De este modo, comenzaron a aparecer las sombras del Antiguo Testamento sobre la cruz. Entre estas sombras, está el encuentro revelador de Abraham y el sacrificio de su hijo Isaac en Génesis 22. Aquí vemos una clara representación de la muerte sustituta venidera de Cristo en el carnero que tomó el lugar de Isaac en el altar del sacrificio. Este sol naciente continuó su ascenso hasta llegar a Éxodo 12, donde se nos presenta la historia reveladora sobre el cordero de Pascua, un sacrificio sin mancha. La sangre del sacrificio tenía un significado doble para los antiguos israelitas: liberación de la muerte y libertad de la esclavitud. A medida que el sol de esta revelación continúa ascendiendo, proyecta una sombra perfecta del Mesías venidero cuando llega a Isaías 53. Esta es una de las cimas montañosas de la Escritura y la sombra más perfecta, el retrato más vívido y vibrante del Señor Jesús que podemos encontrar en el Antiguo Testamento.

No hace mucho, mientras meditaba en Isaías 53.6, fui cautivado por la primera frase: «Todos nosotros nos descarriamos como ovejas». Esta expresión metafórica se usa en reiteradas ocasiones a través de las Escrituras. Uno nunca podrá entender el profundo significado de este pasaje sin llegar a conocer cómo es que nos parecemos a estas criaturas lanudas, tan dependientes de su pastor para sobrevivir. Hay varios principios en juego aquí que merecen análisis.

## LAS OVEJAS SON TORPES

Piense en esto. ¿Ha estado alguna vez en un circo? Si es así, es muy probable que haya visto una diversidad de animales entrenados. A los enormes elefantes se los puede entrenar para que se paren con sus patas traseras sobre taburetes diminutos. A los monos se los puede entrenar para andar en bicicleta formando círculos pequeños. A los leones se los puede entrenar para saltar a través de anillos de fuego. Pero ¿alguna vez ha visto una oveja adiestrada? No. Las ovejas son torpes; no hay entrenamiento que valga. Tienden a ir de un lugar a otro y frecuentemente se pierden porque se mueven según su apetito con su mirada hacia abajo.

No es de extrañar que el profeta diga: «Todos nosotros nos descarriamos como ovejas». La mayoría de las personas son tendenciosas. Hablan profusamente sobre política, deportes y temas afines. No obstante, si usted quiere oír una conversación poco inteligente de la boca de personas seminteligentes, llévelas a que conversen sobre el plan de redención de Dios y su solución para el pecado. ¡Cuánta ignorancia hay cuando se trata de los asuntos más importantes de la vida! Sí, somos más parecidos a las ovejas de lo que quisiéramos admitir.

## LAS OVEJAS CAMINAN SIN RUMBO

Las ovejas simplemente tienden a andar sin rumbo por las colinas. Carecen de todo sentido de dirección. Esto no sucede con otros animales. Cuando era niño, nuestra familia tenía una perra llamada Penny. Cierto día, se fue persiguiendo a varios niños del vecindario que iban andando en sus bicicletas con dirección a un lago, a más de diez millas (dieciséis kilómetros) de nuestro hogar. A última hora de la tarde, regresaron... sin la perra. Después de más de tres semanas, mientras estábamos cenando en casa, oí un sonido familiar en la puerta trasera. Abrí la puerta y, para mi sorpresa, allí estaba mi perrita; algo sarnosa y delgada, pero por fin en casa. Muchos animales tienen un instinto interior que les permite encontrar el camino de regreso a su hogar desde una gran distancia. No es así con las ovejas. Estas no tienen sentido de orientación.

En verdad, «todos nosotros nos descarriamos como ovejas». Muchos hombres y mujeres van por la vida sin un sentido real de dirección, carentes de cualquier propósito aparente. Muchos simplemente existen y nunca han aprendido a vivir porque, al igual que las ovejas, carecen de todo sentido de orientación en la vida.

# LAS OVEJAS SON INDEFENSAS

Casi todos los animales tienen algún tipo de mecanismo de defensa. Los conejos corren. Los gatos arañan. Los perros muerden. Los puercoespines pinchan. Las abejas pican. Las cabras embisten. Los zorrillos… bueno, usted me entiende. Pero ¿las ovejas? Ellas no se pueden defender. No están preparadas en absoluto para luchar ni para huir. No pueden luchar contra otros animales ni tampoco pueden huir de aquellos que las acechan. Son prácticamente indefensas.

El hombre sin el Señor Jesucristo es semejante a una oveja. Es incapaz de llegar al redil por sí mismo. Está solo contra «las artimañas del diablo» (Efesios 6.11); no está preparado ni para luchar ni para huir.

Dado que nos parecemos a las ovejas —torpes, sin rumbo e indefensas— y que «cada cual se apartó por su camino», Dios ha venido a rescatarnos. Y «Jehová cargó en él [Jesús] el pecado de todos nosotros». No existe una explicación más clara de lo que aconteció en la cruz del Calvario que la que encontramos en estas palabras de Isaías 53.6. En la cruz, el Señor Jesús cargó nuestros pecados en su propio cuerpo, soportando la ira del castigo de Dios en nuestro lugar. Fue herido y humillado por nuestros pecados, padeció la agonía y la muerte que merecíamos tener. Murió en nuestro lugar a fin de que pudiéramos gozar de su vida abundante. Tomó nuestro pecado a fin de que pudiéramos tomar su justicia. Su muerte en la cruz no solo fue voluntaria, sino que fue vicaria. Murió en mi lugar y en su lugar. ¡Qué maravilloso Salvador!

Al memorizar el versículo de esta semana, medite en el hecho de que «Dios muestra su amor para con nosotros, en que siendo aún pecadores, Cristo murió por nosotros» (Romanos 5.8). Dios no preparó simplemente *un* remedio; sino el único remedio para nuestros pecados. «Todos nosotros nos descarriamos como ovejas… cada cual se apartó por su camino… mas Jehová cargó en él el pecado de todos nosotros».

# 8 LOS TRES NIVELES DE ORACIÓN

*Pedid, y se os dará; buscad, y hallaréis;*
*llamad, y se os abrirá.*

MATEO 7.7

Aunque la memorización y la meditación de las Escrituras son vitales para una vida cristiana victoriosa, lo mismo puede decirse de una vida de oración vibrante y virtuosa. Dios nos habla a través de su Palabra y nosotros le hablamos a través de nuestras oraciones de agradecimiento, petición e intercesión. Sin la Biblia, la oración carece de dirección. Y sin la oración, la Biblia se volvería menos dinámica. Como el jamón y el huevo, el estofado de ternera y la col, el bistec con papas, la Biblia y la oración van de la mano.

En el Sermón del monte, el Señor expuso tres niveles de oración que deberían caracterizar la vida de oración de cada creyente. Según sus palabras, tenemos que «pedir… buscar… y llamar». La oración efectiva está envuelta en su voluntad para nuestras vidas. Si conocemos su voluntad sobre un asunto determinado, debemos «pedir». Si desconocemos su voluntad, debemos «buscar». Si conocemos su voluntad pero no hemos recibido una respuesta, debemos «llamar» hasta que la puerta se abra. Muchos creyentes nunca pasan del primer nivel de oración al nivel de buscar, mucho menos al nivel de llamar. Las oraciones efectivas son aquellas que suben al trono de la gracia en sus tres niveles.

## EL NIVEL DE PRESENTAR UNA PETICIÓN *«Pedid, y se os dará»*

Debemos pedir. Irónicamente, tan sencillo como parece, a ciertas personas les resulta difícil. Están aquellas que son demasiado orgullosas o demasiado autosuficientes como para pedirle algo a alguien. Por lo tanto, para ellas, pedirle a Dios es algo casi impensable.

En el idioma del Nuevo Testamento, los verbos *pedir*, *buscar* y *hallar* se encuentran en la forma imperativa del presente activo. Esto simplemente significa que el sujeto realiza la acción, la acción es continua y constituye una orden, no una opción. De modo que Cristo está diciendo aquí que debemos seguir pidiendo, seguir buscando y seguir llamando.

En este primer nivel de oración, los intercesores piden y tienen la promesa de Dios de que «recibirán». Cuando uno conoce la voluntad de Dios, puede pedir y tener la confianza de que recibirá. Por eso cuando uno ora para aceptar a Cristo, confiado de que es la voluntad de Dios de que nadie se «pierda» (Juan 3.16), la persona recibe el regalo de la vida eterna. No obstante, hay ocasiones cuando hemos pedido ciertas cosas y no las recibimos porque eran contrarias a la voluntad de Dios para nuestras vidas. Para serle franco y reflexionando en los años pasados, estoy agradecido de que Dios no me haya dado todas las cosas que muchas veces le pedí de manera egoísta.

## EL NIVEL DE INSISTENCIA CON LA PETICIÓN *«buscad, y hallaréis»*

Existe un nivel de oración superior al de simplemente presentar su petición ante Dios y es el de la insistencia con su petición. Esta es la oración que hacemos cuando desconocemos cuál es la voluntad de Dios sobre un asunto determinado y buscamos hasta que la hallamos. Es un nivel de oración más profundo y más maduro porque hace a un lado nuestro ego y está motivado por un gran deseo de querer conocer cuál es la voluntad de Dios. Implica una búsqueda intensa del corazón de Dios acompañada de la lectura de la Biblia. Por este motivo, el apóstol Pablo nos amonestó a que dejemos que «la palabra de Cristo more en abundancia en vosotros, enseñándoos y exhortándoos unos a otros en toda sabiduría» (Colosenses 3.16).

Debemos continuar buscando con una intensidad que vaya más allá del nivel de presentar nuestras peticiones. Y Dios nos promete que hallaremos su perfecta voluntad para nuestras vidas si no nos rendimos. Él no desea ocultarnos su voluntad; sino que la conozcamos y caminemos en ella.

## EL NIVEL DE PERSISTENCIA EN UNA PETICIÓN *«llamad, y se os abrirá»*

Cuando alcanzamos este nivel superior de oración, se vuelve evidente quién está realmente comprometido y quién no. Continuar llamando requiere de una perseverancia tremenda (Lucas 11.5-8). Oramos en este nivel de persistencia cuando nos sentimos seguros de que conocemos cuál es la voluntad de Dios sobre un asunto determinado, pero aún no hemos visto sus frutos. Seguimos pidiendo… seguimos buscando… seguimos llamando y nos aferramos a la promesa de que «se os abrirá».

En cierto sentido, Dios trata con nosotros como lo hacemos con nuestros propios hijos. Cuando son pequeños, les enseñamos a pedir ciertas cosas. Más adelante, les enseñamos a buscar conforme a sus deseos. Y, porque sabemos qué es lo mejor para ellos, los animamos a que demuestren un verdadero compromiso hasta que las puertas se les abran. Sería perjudicial para nuestros hijos si a los diez años los tratásemos como lo hacíamos cuando tenían dos, o si a los dieciocho años los tratásemos como lo hacíamos cuando tenían diez. Cuando nuestros hijos son pequeños, les enseñamos a pedir cosas. Cuando van creciendo y progresan en la escuela, les enseñamos a buscar las respuestas para su tarea. De modo que cuando se conviertan en jóvenes adultos, sabrán mejor cómo llamar.

Oramos en este nivel superior de oración cuando sabemos cuál es la voluntad de Dios para cierto asunto, pero la puerta aún permanece cerrada. No dejamos de llamar. No nos rendimos porque nos aferramos a la promesa de Dios: «Se os *abrirá*».

Existen momentos en nuestra vida cristiana cuando le pedimos en oración a Dios ciertas cosas, pero parece que él no nos responde. Sin embargo, Dios siempre responde. A veces, la respuesta es *directa*: oramos y casi de inmediato vemos la respuesta a nuestra oración. Otras veces, *rechaza* nuestra petición: Dios responde, pero de un modo negativo porque él sabe qué es lo mejor para nosotros. Y hay otras veces cuando la respuesta se *demora*: Dios parece colocarnos en un patrón de espera, y la respuesta finalmente llega de acuerdo con sus tiempos en lugar de los nuestros. Y luego hay respuestas que son *diferentes* de la que esperábamos. Solo porque responde a nuestras oraciones de manera distinta de la que anticipábamos, no significa que no nos haya respondido.

Al memorizar el versículo de esta semana, medite en estos tres niveles de oración, y no simplemente pida, sino busque. Y sí, continúe llamando. No se rinda, porque nos ha sido dada su promesa preciosa: «Y se os dará… y hallaréis… y se os abrirá».

# 9  ANTES DE JUZGAR
HAY QUE PROBAR

*No os embriaguéis con vino, en lo cual hay disolución;*
*antes bien sed llenos del Espíritu.*

EFESIOS 5.18

*E*l secreto de la vida cristiana no está en un cambio de vida sino en un *inter*cambio de vida. No se trata simplemente de adoptar algunas normas morales nuevas e intentar cambiar nuestras actitudes y nuestras actividades. Al contrario, cuando nos convertimos, le damos a Dios nuestra vieja vida, que la deja de lado y viene a vivir en nosotros en la persona del Espíritu Santo. Dios nos promete que él habitará en nuestro corazón, que nunca nos dejará, y que nos llenará y empoderará para servirle.

Aquí, Pablo marca un contraste entre «embriagarse con vino» y ser «llenos del Espíritu». Lo primero nos hace perder el control; lo otro nos permite tener el control. Uno es contraproducente; el otro es provechoso. Uno nos debilita; el otro nos empodera. Uno suele traer tristeza; el otro trae gozo.

La amonestación de este versículo es un mandato, nos ordena «sed llenos del Espíritu». Dios no nos lo presenta como una opción para los creyentes. Piense en cómo cada verbo tiene un número, un tiempo, una voz y un modo. Cuando desglosamos este mandato de «sed llenos» es interesante notar que el número es plural. El tiempo es presente, es decir, implica una acción continua. La voz es pasiva, que significa que el sujeto no actúa, sino que la acción es desempeñada por una fuerza externa. El modo es imperativo. Es una orden. De este modo, traducido apropiadamente, la Biblia nos está diciendo: «Todos nosotros debemos ser siempre llenos del Espíritu Santo».

¿Cómo sabemos que estamos siendo llenos del Espíritu de Dios? Mejor aún, ¿cómo lo sabrán otros? Algunos sostienen que es por el recibimiento y la práctica de ciertos dones del Espíritu. Sin embargo, las Escrituras nos enseñan lo opuesto en el mismo contexto de este mandamiento. Como dice el viejo refrán: «Antes de juzgar hay que probar». Los tres versículos siguientes nos revelan cómo podemos saber que Efesios 5.18 se cumple en nuestras vidas. Ciertamente, antes de juzgar hay que probar.

## HAY UNA MANIFESTACIÓN INTERIOR *«canten y alaben al Señor con el corazón»* (Efesios 5.19, NVI)

La primera evidencia que demuestra que somos llenos y guiados por el Espíritu de Dios es que tendremos una melodía en nuestro corazón. Esta es la manifestación interior. Los budistas pueden tener sus templos imponentes, pero no tienen cánticos en sus corazones. Los hindúes pueden tener sus mantras, pero no tienen cánticos en sus corazones. Los musulmanes pueden enorgullecerse de sus limosnas y su moralidad, pero ¿dónde están sus cánticos?

Note que la Biblia no habla de cantar con ritmo en nuestros corazones. El ritmo generalmente atrae a la carne. Tampoco dice que debemos cantar con armonía, la cual es atractiva para el reino de nuestras emociones. Es la alabanza la que pone cánticos en nuestra boca y agrada al Espíritu que mora en nuestro interior. Al igual que Pablo y Silas en una cárcel filipense a la medianoche, también nosotros podemos tener una canción en nuestros corazones a pesar de las circunstancias.

## HAY UNA MANIFESTACIÓN VERTICAL *«dando siempre gracias a Dios el Padre por todo»* (Efesios 5.20, NVI)

Aquí hay una actitud de gratitud a Dios. La persona que es llena del Espíritu continúa en un espíritu de dar siempre gracias y, al mismo tiempo, es agradecida por todo. Mientras tenemos la confianza personal de que estamos siendo llenos a través de la evidencia interior que se manifiesta con alabanzas en nuestros corazones, Dios lo ve en nuestra actitud continua de agradecimiento por todas las cosas. Esa es la manifestación vertical.

## HAY UNA MANIFESTACIÓN EXTERIOR *«sométanse unos a otros, por reverencia a Cristo»* (Efesios 5.21, NVI)

Por último, existe una evidencia exterior que se manifiesta en nuestra relación con los demás. Este elemento de sometimiento no tiene nada que ver con una falta de superioridad.

Esto es lo que el apóstol pretendía decir cuando escribió: «Consideren a los demás como superiores a ustedes mismos» (Filipenses 2.3, NVI). Es imposible ilustrarlo de una manera más bella que cuando en el aposento alto nuestro Señor se convirtió en el siervo de todos y lavó los pies de sus discípulos. Los creyentes que son guiados por el Espíritu de Dios tendrán una canción dentro de sus corazones, serán siempre agradecidos por todo y se someterán unos a otros.

¿Cómo podemos ser llenos del Espíritu que mora en nosotros al nacer de nuevo? El primer paso es *confesar*. Debemos sincerarnos con Dios. Primera Juan 1.9 dice: «Si confesamos nuestros pecados, él es fiel y justo para perdonar nuestros pecados, y limpiarnos de toda maldad». El próximo paso es *coronar* a Jesús como el Señor de nuestras vidas. Romanos 14.9 dice: «Porque Cristo para esto murió y resucitó, y volvió a vivir, para ser Señor así de los muertos como de los que viven». Por último, debemos *declarar* estas cosas por medio de la fe. Marcos 11.24 dice: «Por tanto, os digo que todo lo que pidiereis orando, creed que lo recibiréis, y os vendrá» ¡Confiese! ¡Corone! ¡Declare! Y ¡sea lleno del Espíritu! Una vez que sea lleno, entonces las manifestaciones serán evidentes.

Al memorizar el versículo de esta semana, medite sobre cuánto Dios anhela reinar como el Señor en el trono de su corazón, llenarlo de su plenitud y ceñirlo de poder para que pueda vencer y tener una vida de bendición. Después de todo, si es maravilloso ser bendecido, aún mejor es *ser* de bendición. Confiese sus pecados nuevamente a él. Corónelo como el Señor de su vida. Deje el trono de su corazón y que él pueda ocupar su lugar. Luego, declare la plenitud de Dios por medio de la fe.

# 10  EL FRUTO
## DEL ESPÍRITU

*Mas el fruto del Espíritu es amor, gozo, paz, paciencia,*
*benignidad, bondad, fe, mansedumbre, templanza.*

GÁLATAS 5.22-23

*E*n el capítulo anterior, examinamos la llenura del Espíritu. Ahora, vamos a dirigir nuestra atención al fruto del Espíritu. El fruto *es el producto delicioso que es formado en la vida interior de la vid.* En vísperas de la crucifixión, el Señor Jesús lo expresó de esta manera: «Permaneced en mí, y yo en vosotros. Como el pámpano no puede llevar fruto por sí mismo, si no permanece en la vid, así tampoco vosotros, si no permanecéis en mí» (Juan 15.4). Anteriormente, en un monte de Galilea, Jesús dijo: «Así que, por sus frutos los conoceréis» (Mateo 7.20). El fruto que producimos como creyentes es la evidencia de la permanencia de Cristo en el trono de nuestras vidas.

A primera vista, parece haber un error gramatical en este versículo. Preste atención: «Mas el fruto del Espíritu *es* amor, gozo, paz…». La verdad es que el fruto del Espíritu es amor. Amor, punto. Los nueve frutos que se enumeran aquí son un racimo que describe la evidencia de la vida de Cristo en nosotros. El fruto aquí es singular porque es el afloramiento de la vida interior. El fruto representa lo que *somos* en lugar de lo que *hacemos*. Aquí se nos reintroduce al principio de la primacía del ser sobre el hacer. ¡Lo que hacemos está determinado por lo que, o de quién, realmente somos!

El fruto que se describe en Gálatas es una tríada: tres racimos con tres frutos cada uno. Estos se ven reflejados en un semblante que *resplandece*, una conducta *pacífica* y un carácter *obediente*.

## UN SEMBLANTE QUE RESPLANDECE *«amor, gozo, paz»*

Ciertos individuos parecen tener un semblante que transmite amor, gozo y paz. La palabra traducida aquí como «amor» es *agape*, el propio amor de Dios. Este es el nivel más alto de amor, en el que solo se tiene en cuenta el bien del ser amado. Es la misma palabra que encontramos en la declaración de Juan 3.16: «Porque de tal manera amó Dios». No es una coincidencia que el amor se encuentre en primer lugar en la lista de los nueve frutos. Constituye la fuente de todos los demás. Todo lo bueno mana del amor de Dios.

Luego sigue el gozo. Es el gozo interior de Cristo que se revela en nuestro propio semblante. Este es el gozo sobre el cual Cristo les habló a sus discípulos en su última noche juntos: «Estas cosas os he hablado, para que mi gozo esté en vosotros, y vuestro gozo sea cumplido» (Juan 15.11). Si alguna vez ha habido un atributo que mereciera un lugar junto al amor, es el gozo.

La paz conforma esta tríada de características que son notorias en el semblante de un creyente guiado por el Espíritu. La paz interior es un regalo de Dios muy especial. Insisto, en la noche previa a su crucifixión, Jesús habla estas palabras: «La paz os dejo, mi paz os doy; yo no os la doy como el mundo la da. No se turbe vuestro corazón, ni tenga miedo» (Juan 14.27). Cuando permanecemos en el Espíritu, el resultado natural es el amor, el gozo y la paz. Esto se vuelve evidente en nuestro propio semblante.

## UNA CONDUCTA PACÍFICA
### *«paciencia, benignidad, bondad»*

La *paciencia* es sinónimo de *longanimidad*. Esto se traduce de una palabra compuesta en griego que significa «lejos del enojo». No podemos generar este tipo de conducta, la cual está prácticamente exenta de un espíritu de venganza, sino que se produce desde adentro. En nuestro mundo acelerado y egoísta, la paciencia no es objeto de una gran demanda. Al igual que todos los demás en este racimo de frutos, la paciencia surge del amor. El mayor triunfo del amor no siempre está en lo que hace, sino—la mayoría de las veces— en lo que se abstiene de hacer.

La conducta de alguien que permanece en Cristo también se caracteriza por la benignidad. Esta misma palabra griega aparece en la epístola de Efesios: «Para mostrar en los siglos venideros las abundantes riquezas de su gracia en su bondad para con nosotros en Cristo Jesús» (Efesios 2.7). Dado que Cristo nos muestra su benignidad y él permanece en nosotros, debemos transmitir esta benignidad hacia otros con una conducta pacífica.

Luego, Pablo nos presenta el fruto de la bondad. Jesús «anduvo haciendo bienes» (Hechos 10.38). Hay un sentir genuino de bondad en aquellos que permanecen en Cristo y que son guiados por su Espíritu. Esta conducta pacífica se ve en las vidas de quienes han recibido a Cristo. Si en el pasado han sido impacientes, ahora tienen una paciencia sobrenatural. Si eran egocéntricos, ahora muestran benignidad hacia otros. Si eran egoístas, ahora sus acciones se caracterizan por la bondad.

## UN CARÁCTER OBEDIENTE
### *«fe, mansedumbre, templanza»*

¡Qué mejor virtud hay en que alguien se caracterice por su fidelidad a Dios! Jesús nos recordó que «el que es fiel en lo muy poco, también en lo más es fiel» (Lucas 16.10). Cuando vivimos una vida de fe, hay algo inherente en ella que fortalece nuestro sentido de autoestima.

Otro fruto que surge de una vida que permanece en Cristo es la mansedumbre. Esta es la misma palabra que se traduce como «manso» en Mateo 5.5. A simple vista, puede sonar algo débil. Sin embargo, constituye uno de los rasgos del carácter más fuertes que pueda existir. Puede ilustrarse como un caballo salvaje que ha sido domado. O, como los vaqueros aquí en Texas dirían: «La voluntad del caballo ha sido quebrada». Una vez fue un potro indomable, pero ahora predomina su mansedumbre. Esta palabra griega se refiere al poder de una correa. Describe a un animal que ha sido sometido al control de su amo. La mansedumbre fluye naturalmente desde el interior.

A fin de cuentas, hemos llegado al último fruto de nuestro racimo: la templanza. Es imposible alcanzar el nivel más alto de templanza si no tenemos al Espíritu de Dios morando en nosotros. La templanza no puede ser producida por la energía y el esfuerzo meramente carnales. Al igual que el resto de los frutos, la templanza es la manifestación de la vida del Espíritu Santo dentro de nosotros. Cuando recibimos a Cristo como nuestro Salvador personal, el Padre envía al Espíritu Santo no solo para sellarnos, morar en nosotros y llenarnos, sino además para producir fruto a través de nosotros.

Al memorizar el versículo de esta semana, medite en algunas preguntas: ¿cómo es mi semblante? ¿Se puede ver en mí el amor, el gozo y la paz? ¿Qué hay de mi conducta? ¿Son la paciencia, la benignidad y la bondad características de mi personalidad? ¿Qué hay de mi carácter? ¿Demuestro fe, mansedumbre y templanza? ¡El fruto del Espíritu es *amor*! Permita que el amor de Cristo reine y gobierne en usted y a través de usted. Existe una primacía del ser sobre el hacer, porque lo que hacemos está siempre determinado por lo que somos.

# 11    EL NÚMERO TELEFÓNICO DE DIOS

*Clama a mí, y yo te responderé, y te enseñaré cosas*
*grandes y ocultas que tú no conoces.*

JEREMÍAS 33.3

*E*n Jeremías 33.3 encontramos una de las promesas más asombrosas de toda la Biblia. Un viejo amigo la llama el número telefónico de Dios. La línea nunca está ocupada. Su llamado nunca entra a la casilla de mensajes. Él siempre responde y lo hace de tal manera que excede nuestras expectativas más optimistas (Efesios 3.20).

La oración es uno de los privilegios más maravillosos de la vida cristiana. Jesús dijo: «Mi casa será llamada casa de oración» (Marcos 11.17). Antes de llamarse casa de estudio bíblico, casa de evangelización, casa de discipulado o casa de acción social, su casa debe llamarse «casa de oración». También es interesante notar que los discípulos le pidieron: «Señor, enséñanos a orar» (Lucas 11.1). No le pidieron que les enseñase a predicar o a evangelizar o a organizarse o a movilizarse. El único pedido que se registra de estos fieles seguidores fue que les enseñase a orar. Lo observaron durante tres años. Vieron la intensidad y la frecuencia de la vida de oración del Señor. Sabían que si podían lograr captar la esencia de la oración, entonces estarían bien encaminados para predicar o hacer lo que fuera necesario en los otros ministerios.

Al marcar hoy el número telefónico de Dios, quisiera que nos unamos a la petición de sus discípulos: «Señor, enséñanos a orar».

## ¿QUÉ ES LA ORACIÓN?

¿Acaso el arte de orar significa hacer oraciones ancestrales a modo de rutina o ritual? Dios dijo: «Clama a mí». La oración es una comunicación bidireccional. No es solo unilateral. En el camino a Emaús, los dos discípulos exclamaron: «¿No ardía nuestro corazón en nosotros, mientras [Jesús] nos hablaba en el camino, y cuando nos abría las Escrituras?» (Lucas 24.32). Nuestros corazones arden cuando oímos al Señor, y le oímos, como ellos le oyeron, cuando nos abre las Escrituras.

La oración es el diálogo de una relación. A fin de tener una relación positiva y productiva con nuestras esposas, esposos, hijos, padres o con quién fuera, debe haber una comunicación verbal. Una señal temprana de que una relación se está deteriorando es la falta de comunicación. Y, aun así, algunos cristianos creen que pueden pasar días, o incluso semanas, sin comunicarse con Dios. La oración es la parte de nuestra relación en la que nos comunicamos con el Señor, y es vital para nuestro propio crecimiento espiritual.

## POR QUÉ ORAMOS

Debemos orar porque el Señor sabe lo que realmente necesitamos mejor que nosotros. Es la oración la que hace que Dios sea real para nosotros. Así como la Biblia le da una dirección a nuestras oraciones, estas aportan una nueva dinámica a nuestra lectura bíblica: Dios nos habla a través de su Palabra, y nosotros le hablamos por medio de la oración. La oración es como una sinfonía: la Biblia es la partitura, el Espíritu Santo es el director y nosotros somos los instrumentos. Al leer la Palabra de Dios, el Espíritu Santo nos guía en nuestra vida de oración y nosotros comenzamos a orar según las Escrituras por nosotros mismos y por los demás.

Otra razón por la que debemos orar es porque Jesús oraba. Piense en esto. Si él, que nunca pecó, tenía la necesidad de orar tan a menudo, ¿cuánto más nosotros, siendo pecadores, necesitamos clamar a él? La oración tiene el poder de hacernos libres. «Y quitó Jehová la aflicción de Job, cuando él hubo orado por sus amigos» (Job 42.10). También debemos orar debido a la gran cantidad de promesas que encontramos en las Escrituras, entre las cuales se encuentra Jeremías 33.3.

## CUÁNDO ORAR

La Biblia nos exhorta: «orad sin cesar» (1 Tesalonicenses 5.17). Es decir, debemos vivir en un estado constante de comunión con Dios mientras nos ocupamos de nuestro trabajo y nuestro testimonio. El Señor oraba «muy de mañana, siendo aún muy oscuro» (Marcos 1.35). En ocasiones, pasaba noches enteras en oración (Lucas 6.12). Oraba antes de cada crisis importante, como se evidencia en su oración en la tumba de Lázaro. Oraba después de los grandes logros, como vemos cuando alimenta a la multitud en Galilea. Getsemaní nos recuerda cómo oraba Jesús antes de las grandes tentaciones que enfrentó. Cuanto más agitada se volvía la vida de nuestro Señor, más prioridad le daba a su vida de oración.

## CÓMO ORAR

La manera para comenzar a orar es haciendo la oración de confesión (Isaías 59.1-2; Salmos 66.18). En cierto sentido, no se trata tanto sobre qué oramos, sino quiénes *somos* cuando oramos. *Confesar* significa «estar de acuerdo con Dios». No debemos minimizar nuestro pecado al creer que no es tan malo como el de alguien más. Tampoco debemos excusarnos diciendo que todo el mundo lo hace. Ni es un vicio insignificante del cual reírnos. El pecado es tan grave que fue necesaria la cruz. No obstante, en esta parte inicial de nuestra experiencia en la oración, debemos confesar los pecados verbales o las cosas que hayamos dicho. Debemos confesar los pecados de comisión o las cosas que hayamos hecho. Debemos confesar los pecados de nuestra mente o aquellas ideas que hayamos permitido residir en nuestros pensamientos. También debemos confesar los pecados de omisión, saber hacer el bien y no hacerlo también es pecar, de acuerdo con la Biblia. Tenemos la promesa de que «si confesamos nuestros pecados, él [Dios] es fiel y justo para perdonar nuestros pecados, y limpiarnos de toda maldad» (1 Juan 1.9).

Luego, pasamos a la oración de agradecimiento. «Entrad por sus puertas con acción de gracias, por sus atrios con alabanza» (Salmos 100.4). La acción de gracias es la puerta por la cual entramos a la sala del trono de la oración. Aquí le damos gracias a Dios por las bendiciones materiales, las bendiciones físicas, las bendiciones espirituales y por las personas que son importantes para nosotros. La acción de gracias tiene un efecto liberador. De hecho, fue cuando Jonás oró con «cánticos de gratitud» (Jonás 2.9, NVI) que Jehová lo libró del vientre del pez.

La oración de confesión y la de acción de gracias nos conducen a la oración de alabanza. Ahora que hemos entrado por las puertas con acción de gracias, ingresamos a «sus atrios con alabanza» (Salmos 100.4). Le agradecemos a Dios por lo que él ha hecho; ¡le alabamos por lo que él es! En la oración de alabanza, recordamos la pregunta que nuestro Señor le hizo a Pedro: «¿Me amas más que éstos?» (Juan 21.15). Aquí es cuando le decimos a Dios que lo amamos. Lo alabamos por sus grandes atributos: su bondad, paciencia, santidad y misericordia. Es de ayuda cantar a él estrofas de himnos de alabanza en este nivel de oración.

Esto nos conduce a la oración de intercesión. Aquí nos acercamos al trono de Dios en nombre de otros. Esta es la oración que hacemos por nuestros familiares, amigos, líderes políticos tanto nacionales como locales, aquellos que necesitan a Cristo e incluso quienes han hablado en contra de nosotros.

Después de la oración de intercesión, pasamos a la oración de petición. Aquí le pedimos a Dios por todo aquello que él haya puesto en nuestro corazón. Finalmente, llegamos a la oración de comunión. Esta va más allá de las palabras; es cuando, con nuestra Biblia abierta, permanecemos quietos y escuchamos a Dios. Cuando salí por primera vez con mi esposa, hablamos sin parar, ambos con miedo a que uno de nosotros pudiera pensar que el otro era aburrido si la conversación se apagaba. Sin embargo, después de algunos meses, solíamos sentarnos en el sofá de sus padres por largos períodos sin pronunciar una palabra… ¡pero aún nos estábamos comunicando! Y del mismo modo sucede con la oración de comunión. Esta es la oración que trasciende las palabras.

Al memorizar el número telefónico de Dios, reflexione en el hecho de que la oración es una parte fundamental de la memorización de —y la meditación en— las Escrituras. La Biblia y la oración son inseparables. Clame a él… él le responderá… y le enseñará —le mostrará— no solo algunas cosas, sino cosas grandes y ocultas que usted no conoce.

# 12 ¿ES EL DIABLO EL VERDADERO CULPABLE DE MIS ACTOS?

*No os ha sobrevenido ninguna tentación que no sea humana; pero fiel es Dios, que no os dejará ser tentados más de lo que podéis resistir, sino que dará también juntamente con la tentación la salida, para que podáis soportar.*

1 CORINTIOS 10.13

Al comienzo de mi peregrinaje cristiano, descubrí la importancia de la memorización de las Escrituras. Primera Corintios 10.13 fue el primer versículo que deposité en el banco de memoria de mi mente. Debido a que guardé este versículo en mi corazón, solo Dios sabe cuántas veces a lo largo de los años —cuando tuve que enfrentarme con algún tipo de tentación— me vino a la memoria y evitó que cometiera muchos errores potenciales. La memorización de las Escrituras desempeña una función vital en cuanto a vencer la tentación. La Biblia usada por D. L. Moody, con la cual predicó a millones en el siglo diecinueve, tenía las siguientes palabras escritas con su puño y letra en la guarda: «La Biblia lo alejará del pecado o el pecado lo alejará de la Biblia».

No es pecado ser tentado. Las tentaciones que se nos presentan vienen en toda clase de formas y tamaños. Nuestra mente es como un hotel. El gerente no puede evitar que alguien ingrese al vestíbulo. Sin embargo, puede impedir que esa persona consiga una habitación. Del mismo modo, no es pecado cuando una tentación *pasa* por nuestra mente. Pecamos cuando le damos un lugar a ese pensamiento en nuestra mente y dejamos que habite allí.

Uno no debe confundir las tentaciones con las pruebas que se nos presentan. La mayoría de las veces, Dios permite, o incluso envía, las pruebas para afirmar la fe del cristiano. Las tentaciones las envía el diablo para provocar que el cristiano tropiece. «Cuando alguno es tentado, no diga que es tentado de parte de Dios; porque Dios no puede ser tentado por el mal, ni él tienta a nadie; sino que cada uno es tentado, cuando de su propia concupiscencia es atraído y seducido» (Santiago 1.13-14). El diablo nunca nos obliga a actuar. Simplemente, pone la carnada enfrente de nosotros. Entonces somos tentados; somos atraídos y seducidos por nuestra propia concupiscencia, por lo que está fuera de los límites establecidos para nosotros en la Palabra de Dios.

## LA REALIDAD DE LA TENTACIÓN
*«No os ha sobrevenido ninguna tentación que no sea humana»*

No se equivoque: seremos tentados. Mientras estemos revestidos en carne humana, tendremos el deseo de revelarnos contra todo lo que sea bueno y santo. Nunca enseñamos a nuestros hijos a desobedecer. Lo aprenden enseguida.

Tenemos que enseñarles a obedecer. Así es con nosotros y la cuestión de la tentación. Es una realidad que no va a desaparecer. Consecuentemente, nos corresponde a nosotros saber cómo lidiar con la tentación cuando se presenta.

Algunas personas viven con el concepto erróneo de que cuanto más andemos en los caminos del Señor y más lo conozcamos, seremos mucho menos tentados. Ninguno de nosotros llegará al punto donde la tentación no nos amenace de alguna manera. La mayoría de los héroes de la Biblia enfrentaron sus mayores tentaciones hacia el final de su peregrinaje, no en el comienzo del mismo. Esto fue así para Moisés, Elías y David.

He aquí una palabra para infundir seguridad a aquellos que puedan sentir una especie de culpa por ser tentados: la tentación es una realidad. «No os ha sobrevenido ninguna tentación que no sea humana». Es inevitable. La tentación es «común al género humano» (NVI).

## EL RECORDATORIO ANTE LA TENTACIÓN

### *«pero fiel es Dios»*

La vida puede tener sus momentos sombríos, pero una cosa es cierta: nunca son causados porque Dios haya variado o cambiado. Dios permanece fiel. Santiago nos recordó que «toda buena dádiva y todo don perfecto desciende de lo alto, del Padre de las luces, en el cual no hay mudanza, ni sombra de variación» (Santiago 1.17).

Hace años, cuando estaba en el proceso de memorizar Santiago 1.17, me encontraba cierta noche en un estacionamiento, debajo de una luz. Cuando me paraba directamente debajo de la misma, no proyectaba ninguna sombra. Sin embargo, cuando me alejaba de la luz, comenzaba a ver mi sombra enfrente de mí. Cuanto más me alejaba, más grande se volvía la sombra, hasta que finalmente me alejé tanto que terminé en la oscuridad. Mi mudanza y mi variación eran las que provocaban la sombra, no la luz. Las dificultades en la vida nunca son causadas porque Dios haya variado o cambiado. Podemos descansar en la realidad de que aunque podamos ser tentados, tenemos a un Señor que permanece fiel.

## EL REMEDIO PARA LA TENTACIÓN

*«No os dejará ser tentados más de lo que podéis resistir, sino que dará también juntamente con la tentación la salida»*

Dios nos provee una salida. La imagen verbal aquí sería de un paso de montaña. La idea es de un ejército que está aparentemente rodeado y, de pronto, ven un camino seguro de escape a través de un paso de montaña. Ninguno de nosotros necesita sucumbir a las tentaciones que se nos presentan. Jesús dará la salida. Muchos han caído voluntariamente en pecado porque rechazaron tomar el camino de escape que el Señor puso delante de ellos.

Usted dice: «Soy tentado». El Señor le responde: «¿Cuál es la novedad? Yo, también, fui tentado en todo, pero sin pecado» (Hebreos 4.15). Jesús nos enseñó cómo vencer la tentación. Por cuarenta días, fue tentado por el diablo en el desierto de Judea. En cada ocasión, Jesús venció la tentación al citar la Escritura. La Palabra, escondida en nuestros corazones, también nos guardará del pecado cuando por fe la pongamos en práctica.

No deberíamos sorprendernos cuando nos sobreviene una tentación. Es, después de todo, «común al género humano» (NVI). Pero Cristo mismo es nuestra salida. Y una cosa puede ciertamente afirmarse: «Él es fiel».

Al memorizar el versículo de esta semana, medite en las palabras de Santiago: «Bienaventurado el varón que soporta la tentación; porque cuando haya resistido la prueba, recibirá la corona de vida, que Dios ha prometido a los que le aman» (Santiago 1.12).

# 13    CONOCER LA SALVACIÓN

*Estando persuadido de esto, que el que comenzó en vosotros la buena obra, la perfeccionará hasta el día de Jesucristo.*

FILIPENSES 1.6

Hay muchos testimonios de salvación que dicen algo así: «Oí sobre el evangelio de Jesucristo; decidí abrir mi vida a él; me acerqué a Jesús; le entregué mi corazón; le recibí; me arrepentí de mis pecados; decidí seguir a Jesús». Note que todos los verbos están conjugados en la primera persona del singular «yo», como si todo dependiera de mí. Cuando estemos en el cielo, descubriremos cuán poco realmente tuvimos que ver con nuestra salvación y cuán verdadero es hoy nuestro versículo: «El que comenzó en vosotros la buena obra». La salvación es, de principio a fin, obra de Dios en nosotros. Él nos buscó. Él nos encontró. Él comenzó la buena obra en nosotros. Él es quien nos sostiene. Y un día, él nos presentará sin manchas delante del trono del Padre. Después de todo, fue el mismo pastor quien fue tras la oveja perdida hasta encontrarla, y luego la cargó sobre sus hombros, gozoso del regreso al redil (Lucas 15.1-7).

# EL ORIGEN DE NUESTRA SALVACIÓN

*«el que comenzó en vosotros la buena obra»*

¿Quién comenzó en usted la buena obra? El Señor. Usted responde: «Creí que fui yo. Yo me arrepentí. Me acerqué a Cristo. Creí que había tomado la iniciativa». No, en realidad fue Dios. Así como en los primeros capítulos de Génesis, tomó la piel de un animal inocente como sacrificio para cubrir el pecado de Adán y Eva. Dios es aún el iniciador en cubrir nuestros pecados. Las hojas de higuera no serán suficientes. Salomón estaba en lo cierto cuando dijo: «El que encubre sus pecados no prosperará; mas el que los confiesa y se aparta alcanzará misericordia» (Proverbios 28.13).

En nuestra condición natural somos indiferentes al evangelio: la Biblia nos considera «muertos» en nuestros pecados (Romanos 6.11). También somos ciegos; el evangelio nos es «encubierto», y el dios de este mundo «cegó» el entendimiento de los incrédulos (2 Corintios 4.3-4). Sin Cristo, también somos necios: no solo no podemos recibir las cosas de Dios, sino que además las consideramos locura y no las podemos entender porque han de discernirse solo espiritualmente (1 Corintios 2.14). Por último, somos injustos: fuimos formados en maldad y concebidos en pecado (Salmos 51.5). Ciertamente, todos nosotros, al igual que las ovejas, nos descarriamos por nuestros propios caminos (Isaías 53.6).

Dado que la condición de nuestro estado natural es ser indiferentes, ciegos, necios e injustos, una fuerza externa debe intervenir para permitirnos ser receptivos al evangelio, perceptivos con las cosas de Dios, enseñables y justos delante de él. Ahora, ya que somos resucitados de la muerte espiritual (es decir, nacidos de nuevo) y debido al hecho de que somos incapaces de realizar esta obra por nosotros mismos, entonces debemos concluir que es Dios mismo quien inicia nuestra salvación. Esto es exactamente lo que nuestro texto —«El que comenzó en vosotros la buena obra»— implica. Dios es soberano. Esto simplemente significa que él hace lo que le apetece y siempre está complacido con lo que hace.

El origen de nuestra salvación no reside en nosotros, sino en Dios mismo. Él toma la iniciativa. Él nos convence de pecado. Él nos justifica. Nos llama de tinieblas a su luz admirable. Nos redime. Ciertamente, él es quien comienza en nosotros la buena obra.

## EL RESULTADO DE LA SALVACIÓN
*«[Él] la perfeccionará hasta el día de Jesucristo»*

¿Cuál es el resultado de esta salvación maravillosa que nos fue dada por medio de Cristo? Que estamos seguros. Estamos seguros en esta vida y también en la vida venidera.

Estamos seguros en nuestra vida presente. Cristo, que comenzó la buena obra, la perfeccionará. No nos abandonará. Dado que no somos *salvos* por nuestras buenas obras, Dios no nos *guardará* por realizar buenas obras. Pablo dijo: «Por tanto, de la manera que habéis recibido al Señor Jesucristo, andad en él» (Colosenses 2.6). Si la fe es lo suficientemente buena para salvarnos, entonces es lo suficientemente buena para vivir y caminar en ella. Si Cristo puede darnos una nueva vida, puede guardarnos en esa nueva vida. Si el hombre toma la iniciativa en la salvación, debe retener la responsabilidad del resultado final. Si Dios toma la iniciativa en la salvación, entonces es Dios quien retiene la responsabilidad del resultado final. Y, como dijo Pablo: «[Él] la perfeccionará».

Recuerdo cuando nuestra primera hija comenzó a aprender a caminar. Extendía sus pequeños dedos regordetes, se tomaba de mi dedo índice y se sostenía con todas sus fuerzas. Daba un paso o dos, me soltaba y se caía. No tardé mucho tiempo en aprender una lección importante sobre mi función: comencé a agacharme y a agarrarla por su mano. Entonces, cuando tropezaba, yo estaba allí para sostenerla y evitar que se cayera. Del mismo modo, nuestra salvación no se trata de intentar resistir hasta el final. Dios nos encuentra y nos sostiene con su mano poderosa. Cuando tropezamos, está allí para agarrarnos y evitar que caigamos. Estamos seguros en esta vida.

También estamos seguros en la vida venidera. El Señor nos guardará y perfeccionará «hasta el día de Jesucristo». *El día de Jesucristo* nos sugiere ese magnífico y glorioso día cuando regresará para recibirnos juntamente con él. En ese día, la iglesia —el cuerpo de Cristo— se convertirá en su esposa. Jesús dijo: «Y esta es la voluntad del Padre, el que me envió: Que de todo lo que me diere, no pierda yo nada, sino que lo resucite en el día postrero» (Juan 6.39). Sin duda, podemos estar seguros de este hecho: él nos guardará «hasta el día de Jesucristo». Ahora nos encontramos viviendo en el gran «hasta». Hasta… el día de Jesucristo. Hasta entonces, podemos confiar en él y saber que estamos seguros en esta vida y en la que ha de venir.

Al memorizar este versículo, medite en el hecho de que su salvación es, de principio a fin, obra de aquel que le ama y se entregó a sí mismo por usted. Dado que es el origen de todas las cosas, puede confiar en él en cuanto al resultado de todo. Como una vez dijo la compositora Fanny Crosby: «Seguridad bendita, ¡Jesús es mío!».

# 14 LA PALABRA OLVIDADA EN NUESTRO VOCABULARIO CRISTIANO

*Desde entonces comenzó Jesús a predicar,*
*y a decir: Arrepentíos, porque el reino de los cielos*
*se ha acercado.*

MATEO 4.17

*P*arece haber una palabra olvidada en nuestro vocabulario cristiano. ¿Cuál será? *Arrepentimiento*. El llamado al arrepentimiento está extrañamente ausente hoy en día. Algunos piensan que debería relegarse a las campañas evangelísticas; sin embargo, ese era el mensaje de todos los profetas. Era el mensaje de Juan el Bautista cuando predicaba en el desierto (Mateo 3.1-2). Fue el mensaje con el cual el Señor Jesús comenzó su ministerio (Mateo 4.17). También fue el mensaje con el que concluyó su ministerio (Lucas 24.46-47). Era el mensaje de los apóstoles cuando predicaban y luego se dispersaron por el mundo (Marcos 6.12). Fue el mensaje que dio nacimiento a la iglesia en Pentecostés (Hechos 2.37-38). Era el mensaje misionero del apóstol Pablo (Hechos 17.30). Y, en el último libro de la Biblia, es el mensaje de Juan el Revelador en Patmos a las iglesias de Asia (Apocalipsis 2.5). De hecho, este llamado al arrepentimiento se encuentra entretejido por todo el tapiz de la Biblia en casi cada página.

El *arrepentimiento* no solo es una de las palabras olvidadas de nuestro tiempo, sino que además es una de las más malinterpretadas. ¿Qué es en realidad el arrepentimiento? ¿Cómo se aplica en nuestras vidas? Estas son preguntas legítimas que merecen una respuesta definitiva en un mundo cristiano que, en algunos lugares, está más preocupado por ser un «interesado amigable» que un conocedor legítimo de la Biblia.

## EL MANDATO PERSONAL DE JESÚS *«Arrepentíos»*

Este llamado de los labios de nuestro Señor no constituye una opción sino una orden. Y esa orden da lugar a dos preguntas importantes: *¿qué es el arrepentimiento?* y ¿dónde *se encuentra el arrepentimiento?*

¿Qué es el arrepentimiento? En primer lugar, note qué *no* es. El arrepentimiento no es remordimiento. No es simplemente sentirse apenado por nuestros pecados. El joven rico se fue «muy triste», pero no se arrepintió (Lucas 18.23). El arrepentimiento no es lamentarse, o meramente desear que la acción no hubiera sucedido. Poncio Pilato, que traicionó al Señor, lavó sus manos lamentándose por entregar a Cristo a la multitud (Mateo 27.24). El arrepentimiento no es una resolución, como las resoluciones de Año Nuevo donde decidimos asumir nuevas normas morales. Y el arrepentimiento no se trata de restitución, no es solo dar vuelta a la página.

Judas Iscariote restituyó. Tomó las treinta monedas de plata, la paga por traicionar a Jesús, y las arrojó en el templo. Judas restituyó, pero no se arrepintió (Mateo 27.3).

La palabra *arrepentimiento* proviene de un término griego que literalmente significa «cambiar la forma de pensar». Un cambio en la forma de pensar produce un cambio de voluntad y, como resultado, un cambio en nuestras acciones. Este proceso se ilustró muy bien en la antigua y conocida historia del hijo pródigo en Lucas 15. Después de encontrarse a sí mismo en quiebra y destruido, en compañía de un montón de cerdos en un corral, el hijo «entró en razón» (v. 17, NTV). Este cambio en su forma de pensar produjo un cambio de volición, un cambio de voluntad. En el versículo siguiente, exclamó: «Me levantaré e iré a mi padre». Una vez que cambió su forma de pensar y cambió su voluntad, sus acciones de seguro también cambiarían. Por consiguiente, en el versículo 20 leemos: «Y levantándose, vino a su padre». El arrepentimiento implica un cambio en nuestra forma de pensar. Eso es todo. ¿Y cómo sabemos que en verdad hemos cambiado nuestra forma de pensar? Nuestra voluntad también cambiará y nuestras acciones le seguirán.

¿Dónde se encuentra el arrepentimiento? Es decir, ¿en qué lugar está el arrepentimiento en la salvación? ¿Precede el arrepentimiento a la fe? ¿O la fe antecede al arrepentimiento? Tanto el arrepentimiento como la fe son dones de la gracia de Dios. Son lados diferentes de la misma moneda. Charles Spurgeon, autor del clásico devocional *Mañana y tarde*, dice que son «como los gemelos siameses… viven unidos». El arrepentimiento y la fe son inseparables. El arrepentimiento en sí mismo no lo llevará al cielo, pero tampoco podrá entrar sin él. Este es el mandato personal de Jesús: «Arrepentíos, porque el reino de los cielos se ha acercado».

# EL ENFOQUE POSITIVO DE
JESÚS *«porque el reino de los cielos se ha acercado»*

Hay un fenómeno en Estados Unidos conocido como evangelización en calcomanías para automóvile. Se colocan las calcomanías en los parachoques con el mensaje que el conductor desea transmitir. Una vez, vi una que decía: «Cambia de dirección o te quemarás». Sin embargo, me pregunto si el temor al castigo de Dios debiera ser la motivación principal para llamar a la gente al arrepentimiento. Jesús usó un enfoque diferente. Él dijo: «Arrepentíos, porque el reino de los cielos se ha acercado». Este enfoque positivo realza el llamado al arrepentimiento: Jesús enfatiza la bondad de la gracia de Dios.

Pablo estaba en lo cierto cuando dijo: «Su benignidad te guía al arrepentimiento» (Romanos 2.4). Una vez, cuando nuestras hijas eran pequeñas, alquilamos una casa por una semana, en medio de Smokey Mountains (Montañas Humeantes). La primera noche en ese lugar extraño fue «más oscura que cien medianoches en un pantano de cipreses» como James Weldon Johnson, el gran autor afroamericano, lo expresó en *God's Trombones* [Los trombones de Dios]. Mi esposa y yo nos despertamos en medio de la noche al escuchar los gritos de nuestra hija pequeña de siete años que provenían de las escaleras. Subí y la encontré desorientada por la oscuridad. Tomándola de la mano, bajó conmigo las escaleras hasta la seguridad de nuestra cama, donde durmió profundamente toda la noche. De manera similar, nuestro querido Señor nos encuentra en la oscuridad, a menudo desorientados por las circunstancias de la vida, nos toma de la mano y, como dice la Biblia, su benignidad nos «guía al arrepentimiento».

A fin de cuentas, ¿cuál es la diferencia si conducimos un coche de lujo, consumimos alimentos ricos en vitaminas, nos vestimos con ropa de diseñador, dormimos sobre un colchón de marca, vivimos en una mansión frente al mar y somos sepultados en un ataúd de caoba en un cementerio tan bello como un jardín botánico… solo para que en el día del juicio nos encontremos con un Dios que no conocemos? Jesús continúa llamándonos: «Arrepentíos, porque el reino de los cielos se ha acercado». Y es su benignidad lo que nos guía al arrepentimiento. El enfoque positivo de Jesús nos llama a arrepentirnos.

Al memorizar este versículo, medite en lo que el arrepentimiento no es… y luego en lo que sí es. Recuerde que es la benignidad de Dios lo que lo toma de la mano y lo guía al arrepentimiento.

# 15 LA BIBLIA: LA PALABRA INSPIRADA POR DIOS

*Toda la Escritura es inspirada por Dios,*
*y útil para enseñar, para redargüir, para corregir,*
*para instruir en justicia.*

2 TIMOTEO 3.16

L a invitación a memorizar este versículo y la intención de este capítulo no es defender la Biblia, pues no es necesario. Como dijo Charles Spurgeon: «No tienes que defender a un león. Todo lo que tienes que hacer es dejar al león suelto y se defenderá solo». La Biblia seguirá siendo el Libro de todos los libros cuando todos los otros escritos de los hombres a través de los siglos hayan pasado al olvido.

Abramos las puertas y dejemos que la Biblia hable en defensa propia. Hay varias cuestiones importantes para observar.

## EL ALCANCE DEFINIDO DE UNA BIBLIA INSPIRADA *«Toda la Escritura...»*

La palabra *toda* de apenas cuatro letras es muy inclusiva. Significa lo que dice: «*Toda* la Escritura es inspirada por Dios». El salmista dijo: «La ley de Jehová es perfecta» (Salmos 19.7). El rey Salomón expresó: «Toda palabra de Dios es limpia» (Proverbios 30.5). Hoy a algunos les resulta popular afirmar que solo creen parte de la Biblia, no necesariamente su totalidad. Dicen: «La Biblia contiene la palabra de Dios, pero no necesariamente es *la* Palabra de Dios». Sin embargo, la Escritura se defiende a sí misma: «Toda la Escritura es inspirada por Dios».

Si bien hay diferentes grados de valor en las Escrituras, no existen diferentes grados de inspiración. Uno podría encontrar más valor personal leyendo el Sermón del monte en Mateo 5-7 que en el libro de la genealogía en Mateo 1. Pero un pasaje es inspirado de igual manera que el otro: «*Toda* la Escritura»… es inspirada. Cuando Jesús salió del anonimato de la carpintería en Nazaret para comenzar su ministerio público, fue de inmediato tentado por el diablo y él le respondió con las Escrituras: «Escrito está: No sólo de pan vivirá el hombre, sino de toda palabra que sale de la boca de Dios» (Mateo 4.4). ¿En qué medida la Biblia es inspirada? La respuesta a esa pregunta se encuentra en las primeras tres palabras de nuestro versículo semanal: «Toda la Escritura…».

## LA EVIDENCIA DETALLADA DE UNA BIBLIA INSPIRADA
*«es inspirada por Dios»*

La Escritura es «inspirada». Es sobrenatural. Tuvo su origen en Dios, no en el hombre. Es una biblioteca de sesenta y seis libros escritos a lo largo de un período de más de mil cuatrocientos años por al menos cuarenta autores de todos los estratos sociales. Algunos eran pescadores, y otros eran profetas, reyes, pastores de ovejas, doctores y rabinos. No obstante, este libro proporciona una única teología, un solo plan de redención y un solo tema que fluye a través de sus páginas, cuya naturaleza singular resulta inexplicable fuera de la persona de Dios.

Y «es inspirada por Dios». Esta frase literalmente significa «Dios sopló». Dios usó a los hombres en el proceso, pero no sopló en ellos. En cambio, sopló su Palabra para que saliera de ellos. Así como un compositor musical calificado crea una partitura utilizando la flauta, la trompeta y otros instrumentos, del mismo modo, Dios escogió sus propios instrumentos. Algunos eran tan diferentes como las flautas son de las trompetas. Sin embargo, Dios escogió esos instrumentos y sopló su Palabra a través de ellos.

*Inspirada* significa que las palabras son de Dios, y son dadas al hombre a través del hombre. Pedro dijo que «los santos hombres de Dios hablaron siendo inspirados por el Espíritu Santo» (2 Pedro 1.21). Irónicamente, la misma palabra griega que aquí se tradujo como «inspirados» aparece en el relato del naufragio de Pablo que se registró en Hechos 27. Se había levantado una tormenta furiosa y los marineros abordo, incapaces de dirigir la nave a causa de los fuertes vientos, simplemente se dejaron llevar a la deriva (vv. 15 y 17). Tal como los marineros se encontraban activos en la nave y, sin embargo, habían cedido el control de la misma, del mismo modo, sucedió con los escritores de la Biblia. En concreto, los escritos no les pertenecían. Dios mismo le expresó esta cuestión a Jeremías: «He aquí he puesto mis palabras en tu boca» (Jeremías 1.9). La Biblia no se origina con el hombre; se origina con Dios. Las personalidades y estilos de los escritores son auténticos de ellos, pero fue Dios quien los inspiró a escribir por medio de su Espíritu. «Toda la Escritura es inspirada por Dios».

## EL EFECTO DIVINO DE UNA BIBLIA INSPIRADA *«útil para enseñar, para redargüir, para corregir, para instruir en justicia»*

La Palabra de Dios es en verdad «útil» para estas cuatro cuestiones. En un sentido la Biblia es como un mapa de ruta. Primeramente, hay doctrina, la manera de comenzar nuestro viaje con la enseñanza apropiada, la cual nos muestra el plan de salvación y santificación de Dios. Pero ¿qué sucede si algo hace que nos desviemos del camino? La Biblia es entonces útil para redargüir: nos muestra dónde nos desviamos. Dios pregunta: «¿No es mi palabra... como martillo que quebranta la piedra?» (Jeremías 23.29). Sin embargo, la Biblia no nos deja en la represión. Luego, la Biblia es útil para corregir: corrige nuestros errores y nos regresa de nuevo al camino. Finalmente, la Escritura es útil para «instruir en justicia»: la Palabra nos instruye en cómo permanecer en el camino a fin de no volvernos a desviar.

Vemos los efectos divinos de una Biblia inspirada a través de los escritos de Pablo en el Nuevo Testamento. Escribió la carta a los romanos para enfatizar la importancia de la doctrina. Sus cartas a los corintios son útiles para redargüir. En la epístola a los gálatas, su énfasis estaba puesto en la corrección. Y, en la carta a los efesios, Pablo habló de la necesidad de «instruir en justicia».

Un ministerio efectivo de la Palabra de Dios pondrá en práctica estos cuatro aspectos: enseñar doctrina, redargüir el pecado, corregir los falsos caminos e instruir en santidad. La clave está en el equilibrio. Algunos creyentes exageran con la doctrina y pasan a la exclusión casi total de la redargución, la corrección o la instrucción. Aunque estas personas sean doctrinalmente racionales, viven sin poder. Otros se enfocan demasiado en la redargución: parecen creer que Dios les asignó la misión de redargüir a todos los demás de sus pecados. Otros se enfocan en la corrección y creen que su llamado es corregir a todos los demás. Y otros pierden el equilibrio en «instruir en justicia» con exclusión de la enseñanza doctrinal, y así carecen de dirección en la vida. Una vida cristiana efectiva implica una existencia equilibrada.

El fin deseado de conocer las Escrituras es que «el hombre de Dios sea perfecto, enteramente preparado para toda buena obra» (2 Timoteo 3.17).

Al memorizar este versículo, medite en el hecho de que no debe juzgar la Biblia cuando la estudie; esta lo juzgará a usted. La Palabra de Dios ha resistido la prueba del tiempo y seguirá siendo el Libro de todos los libros cuando todos los otros hayan pasado al olvido. Con razón el salmista dijo: «En mi corazón he guardado tus dichos, para no pecar contra ti» (Salmos 119.11).

# 16  LA VISIÓN ES FUNDAMENTAL

*Sin profecía el pueblo se desenfrena; mas el que guarda
la ley es bienaventurado.*

PROVERBIOS 29.18

❧❧❧❧❧❧❧❧❧❧❧

La visión es fundamental para la vida cristiana. Aquellos que crecieron memorizando la Nueva Versión Internacional de la Biblia recordarán que este versículo se tradujo así: «Donde no hay visión, el pueblo se extravía». De acuerdo con el Nueva Concordancia Exhaustiva de la Biblia, Strong, el término *profecía* (visión) significa «mentalmente percibir, contemplar». El término traducido como *desenfrenar* o *extraviar* se traduce en otras partes del Antiguo Testamento como «volver». Podemos ver esto en Números 14.3 (NVI), cuando el pueblo de Israel que vagaba por el desierto quería «volver» a Egipto. Por consiguiente, aquellos que no tienen visión, ni percepción parecen no tener una dirección clara en su peregrinaje cristiano.

La visión es esencial. Poco después de que se construyera Disney World en Orlando, alguien le preguntó a Michael Vance, el director creativo: «¿No es una pena que Walt Disney no viviera para ver esto?». Vance rápidamente respondió: «¡Sí que lo vio, y precisamente por eso estamos hoy aquí!».

Si esto aplica para las organizaciones seculares, ¿cuánto más importante es la visión para quienes buscan ser seguidores de Cristo, el mayor visionario que haya vivido?

Ante cada gran emprendimiento, hay alguien que tiene una visión para la tarea por delante. El entrenador de fútbol tiene una estrategia de juego antes del partido, una visión de lo que quiere que su equipo logre. El comandante del ejército o el líder del pelotón considera la estrategia de la infantería, un plan de batalla, antes de que comiencen a luchar. El artista tiene un diseño en su mente antes de comenzar a pintar sobre el lienzo. Cuánta diferencia hace la visión en la vida. Muchos cristianos asisten a reuniones, siguen un programa y simplemente existen, pero algo les falta. Una visión, una percepción de lo que Dios quiere que seamos y hagamos, es fundamental. Cuando un creyente descubre la visión de Dios para su vida, esa visión le aportará cinco cosas.

## LA VISIÓN TRAE DEFINICIÓN

Cuando verdaderamente entendemos la visión de lo que Dios quiere que seamos y hagamos, esa visión sirve para definir nuestra tarea. Muchos hasta se atreven a formular una declaración de solo una frase con respecto a la visión de sus vidas. La misma se vuelve la lente a través de la cual consideran sus opciones y toman sus decisiones. Las iglesias necesitan saber cuál es su visión. Por ejemplo, una iglesia puede tener una visión que diga que están asumiendo «un gran compromiso ante el Gran Mandamiento y la Gran Comisión». Así, los líderes eclesiásticos mantendrán su ministerio en perspectiva al filtrarlos a través de la lente que sirve de recordatorio de que si algo no se presta a amar a Dios, amar al prójimo o a guiar a los hombres y mujeres a la fe salvadora de Jesucristo, no conforma su lista prioritaria. La visión trae definición; define nuestras decisiones.

## LA VISIÓN APORTA DISEÑO

Este diseño se ve en la manera en que la visión se cumple. El nacimiento de una visión es como el de un bebé. El primer paso es la concepción. Esto tiene lugar cuando una semilla de lo que Dios quiere que seamos es plantada en nuestros corazones por él mismo. El siguiente estado es la gestación. Aquí «gestamos» la visión, pensamos en ella, oramos al respecto durante cierto período. Después de un tiempo, aquellas personas cercanas a nosotros notan que algo está sucediendo, que estamos embarazados con una visión. Después le sigue el nacimiento: la visión nace y todos pueden verla. Luego, viene el paso más importante para los líderes, la etapa de la adopción. Esta visión, la cual no ha sido personalmente concebida ni gestada, mucho menos nacida de ellos, es adoptada por otros y, por derecho, les pertenece. Los líderes saben que la siguiente etapa es la de crecimiento. El crecimiento de los hijos cuesta dinero y tiempo, así también el desarrollo de las visiones. Luego llega la madurez, cuando todo lo que hemos soñado y orado alcanza la madurez. Finalmente, comienza la etapa de la reproducción, cuando las visiones anteriores se reproducen en visiones más nuevas y amplias, y el sueño continúa. La visión le da vida al diseño.

# LA VISIÓN APORTA DINAMISMO

Sin una visión, realmente, no sucede mucho. Faltan el dinamismo y la motivación. Nada sucedía en Jerusalén hasta que la visión de Nehemías produjo la definición y el diseño. Luego aportó un nuevo dinamismo cuando regresó para convertirse en el reconstructor de los muros. La visión es la que aporta un dinamismo y un sentido de conquista a nuestra labor y testimonio como creyentes.

## LA VISIÓN TRAE DIRECCIÓN

Uno de los aspectos más importantes que una visión personal puede darnos es la dirección para nuestras vidas. «¿Hacia dónde se dirige?» es una pregunta válida. Cuando una visión personal guía nuestras vidas, dándole un nuevo sentido de dinamismo, también le otorga un nuevo sentido de propósito y dirección.

## LA VISIÓN TRAE DEPENDENCIA

Uno de los beneficios espirituales que la visión nos aporta es un nuevo sentido de dependencia del Señor. Las visiones deberían ser de la magnitud de Dios, de modo que no haya forma de que puedan cumplirse a menos que él intervenga.

El Señor no nos ve por lo que somos ahora. Cuando conoció a Simón Pedro, vio a ese pescador como una pequeña caña. Sin embargo, luego Jesús dijo que Pedro sería una gran roca. Fue un juego de palabras efectivo. Cristo vio el potencial que había dentro de Pedro. Dios no nos ve por lo que somos ahora, sino por lo que podemos llegar a ser, si, pues, recibimos una visión por parte de él para llevar a cabo el trabajo. Una visión trae definición, diseño, dinamismo, dirección y dependencia: «Sin profecía (sin una visión de lo que Dios quiere que seamos o hagamos), el pueblo se desenfrena (regresa)».

Al memorizar el versículo de esta semana, medite en el hecho de que el nacimiento de una visión no sucede de la nada. Debe concebirse en el lugar secreto a solas con Dios, luego gestarse —orar al respecto y meditar en la misma— hasta su nacimiento. «Donde no hay visión, el pueblo se extravía» (Proverbios 29.18, NVI). Desarrolle su propia visión de lo que Dios quiere que usted sea y haga. La misma surgirá cuando sea concebida en el lugar secreto con él. Luego, después de un período de gestación espiritual, ¡nacerá!

# 17     ¿SIGUE JESÚS LLORANDO?

*Jesús lloró.*

Llegamos al versículo más corto de toda la Biblia. Sin lugar a dudas, es el más fácil de memorizar. Contiene solo dos palabras, cuatro sílabas. No obstante, estas dos palabras nos ofrecen una visión maravillosa del corazón de nuestro Señor. Para aquellos de nosotros que asistimos de niños a la escuela bíblica de vacaciones, es muy probable que este estuviera entre los primeros versículos que depositamos en nuestra memoria: «Jesús lloró».

Existen dos pasajes en las Escrituras que revelan a nuestro Señor llorando. Irónicamente, ambos tienen lugar en el monte de los Olivos, frente a Jerusalén. En el lado este de la montaña, en la pequeña aldea de Betania, encontramos a Jesús llorando ante la tumba de Lázaro (Juan 11.35). En el lado oeste de la montaña, lo encontramos el Domingo de Ramos llorando por nuestros pecados (Lucas 19.41). Uno no puede evitar preguntarse cuando leemos estas palabras si Jesús aún llora. Las lágrimas tienen un lenguaje propio. Las lágrimas de nuestro Señor son muy reveladoras en esta dispensación de la gracia.

## JESÚS LLORA ANTE NUESTRO DOLOR: LE CONMUEVE NUESTRO CORAZÓN QUEBRANTADO

El evento tuvo lugar en el funeral de su amigo íntimo, Lázaro. Con una brevedad conmovedora, Juan simplemente menciona: «Jesús lloró». No lloró porque Lázaro estaba muerto. Sabía que en un momento más iba a devolverle la vida, ¡y quienes conocen la Biblia saben que es exactamente lo que hizo! Jesús lloró cuando vio a las hermanas de Lázaro llorando. Las lágrimas conmueven el corazón de nuestro Dios. El corazón de María estaba quebrantado. Su hermano había muerto y parecía que Jesús había llegado demasiado tarde. Ella no tenía esperanzas. Estaba dolida. Lloraba con fuertes gemidos. Derramaba su corazón ante el Señor. Cuando Jesús la vio, lloró con ella. A este gran Dios le conmueve nuestro dolor y nuestros corazones quebrantados.

Las lágrimas tienen un lenguaje propio. Hablan mucho más fuerte que las palabras. No necesitan de un intérprete. El salmista dice que Dios guarda nuestras lágrimas en una redoma (Salmos 56.8). Si necesita captar la atención de Dios, recurra a las lágrimas. Está bien llorar. Servimos a un Señor que llora con nosotros al ver nuestro dolor y que le conmueven nuestros corazones quebrantados.

## JESÚS LLORA POR NUESTROS PECADOS: SE TURBA A CAUSA DE NUESTRA CEGUERA

La mayoría de los mensajes relacionados con el Domingo de Ramos tienen que ver con la multitud, los gritos de hosannas, la entrada triunfal, la concentración. Pero todo eso era una farsa. Y nuestro Señor lo sabía. Después de unos pocos días, esa misma multitud desaparecería y sus aplausos se tornarían en abucheos. ¿Puede imaginarse a Jesús aquel día, montado sobre un pollino, pasando sobre los ramos de olivos que la multitud tendía por el camino mientras le alababa? Él era el centro de atención. Debió haber tenido una sonrisa de oreja a oreja y saludado a la multitud que le adoraba como si estuviera sentado en un convertible. Pero observe con atención: «Y cuando llegó cerca de la ciudad, al verla, lloró sobre ella» (Lucas 19.41). Y entre lágrimas, dijo: «¡Oh, si también tú conocieses, a lo menos en este tu día, lo que es para tu paz! Mas ahora está encubierto de tus ojos» (v. 42).

Esa multitud de Jerusalén quería un general militar, que entrara a la ciudad y acabara con los opresores romanos. Por consiguiente, en menos de una semana después de su gran entrada, cuando el pueblo se dio cuenta de que no iba a conseguir lo que pretendía, lo coronaron Rey, es cierto, pero con una corona de espinas. Le quitaron sus vestiduras, lo golpearon y le preguntaron: «¿Eres tú el Rey de los judíos?». *Tiene que ser una broma*, pensaban. Y se burlaban. De hecho, él era un Rey, pero su reino no era de este mundo. Suyo es el reino de nuestros corazones. Y nuestro Señor Jesús se sentó en el monte de los Olivos y lloró. Es interesante notar que se usa una palabra griega diferente para describir su llanto en el Domingo de Ramos y su llanto en Betania. Aquí la palabra implica un fuerte sollozo, gemido y llanto que podrían escucharse a la distancia. Jesús derramó su corazón por nuestra negligencia espiritual y nuestros pecados.

Por desdicha, muchos en la iglesia occidental hoy en día no parecen estar llorando por los pecados de aquellos que les rodean o incluso por sus propios pecados. Apenas están turbados por su ceguera. Estamos mirando la decadencia de una civilización frente a nosotros. Esto es Estados Unidos en el siglo veintiuno, y Jesús aún llora... pero muchos de nosotros no. Muchos de nosotros hemos perdido nuestras lágrimas, pero las lágrimas hablan mucho más fuerte que las palabras.

El Señor Jesús aún se conmueve por nuestros corazones quebrantados y se turba por nuestra ceguera espiritual. ¿Está hoy el Señor llorando *con* usted o *por* usted? Hay, después de todo, una enorme diferencia entre las dos.

Las lágrimas se mencionan por última vez en la Biblia en Apocalipsis 21.4, donde se nos revela un escenario hermoso en el cielo: «Enjugará Dios toda lágrima de los ojos de ellos». Esta es nuestra esperanza. Él guarda todas nuestras lágrimas en una redoma y, un día, las enjugará. El rey David lo expresó así: «Porque un momento será su ira, pero su favor dura toda la vida. Por la noche durará el lloro, y a la mañana vendrá la alegría» (Salmos 30.5).

Al memorizar el versículo de esta semana, medite en que tenemos un Señor que no está lejano. Él permanece cerca. A él le conmueven nuestros corazones quebrantados y llora con nosotros. Y se turba a causa de nuestra ceguera espiritual, por lo que llora por nosotros. Estas dos palabras cortas dicen mucho: «Jesús lloró». Así que, es correcto llorar.

# 18 LA PREGUNTA CRUCIAL DE LA VIDA

*Le dijo Jesús: Yo soy la resurrección y la vida; el que cree en mí, aunque esté muerto, vivirá.*

JUAN 11.25

*E*sta declaración se encuentra entre los reconocimientos más atrevidos y decisivos de la divinidad de nuestro Señor. La resurrección es lo que separa al Señor de miles de otros gurús y profetas que han aparecido en escena. A esta fuerte declaración le sigue una pregunta crucial para la vida. En el versículo siguiente, después de proclamarse a sí mismo como la resurrección y la vida, el vencedor de la muerte, nuestro Señor pregunta a sus oyentes, y a nosotros: «¿Crees esto?» (Juan 11.26).

Una de las frustraciones en cuanto a la lectura de las Escrituras es que, al igual que cualquier otro escrito, es lineal. Por consiguiente, a menudo me he preguntado con qué entonación hizo Jesús esta pregunta. Acaso preguntó: «¿*Crees* esto?». O preguntó: «¿Crees *tú* esto?». O tal vez hizo la pregunta así: «¿Crees *esto*?». Piense en esto. La pregunta crucial de la vida es intencional, personal y precisa.

# LA PREGUNTA CRUCIAL DE LA VIDA ES INTENCIONAL

*«¿CREES esto?»*

Puede que nuestro Señor, al hacer esta pregunta, haya puesto el énfasis e inflexión sobre la palabra *crees*. Después de todo, la fe es la respuesta aceptable al evangelio. Jesús no estaba indagando si sus oyentes asentían intelectualmente ante sus declaraciones. Quería saber si ellos confiaban en él, y si aceptaban su persona y su palabra por fe: *«¿Crees esto?»*.

Una cosa es conocer el evangelio intelectualmente. Otra es intentar conformarnos a sus dichos y buscar asumir las nuevas normas morales que acompañan sus verdades. Incluso, otra cosa es argumentar a favor del mismo pidiendo perdón y razonando al respecto. Es, de hecho, posible conformarse a sus declaraciones sin ser transformados desde adentro por gracia y por medio de la fe.

La pregunta crucial es intencional. Jesús anhela saber si usted ha puesto su confianza solo en él o en sus propios esfuerzos. ¿Ha marcado una diferencia en su vida esta fe salvadora, esta vida resucitada, esta experiencia de «Cristo en mí»? Jesús dijo: «Yo soy la resurrección y la vida». *¿Cree* esto?

# LA PREGUNTA CRUCIAL DE LA VIDA ES INTENCIONAL

*«¿Crees [TÚ] esto?»*

Quizás el Señor puso la inflexión en el *tú* en esta pregunta, a fin de dar a entender el hecho de que es personal. Después de todo, cuando se trata de la fe en la obra completa de Cristo, lo que yo creo es lo que más importa… no lo que mi madre o mi esposa o cualquier otra persona crea. Mi fe es un asunto personal entre mi Señor y yo.

En nuestra cultura gnóstica del siglo veintiuno, un número creciente de individuos parece haber sido cautivado por varios documentales, películas y libros que cuestionan la veracidad del evangelio. Para muchos, el relato de la resurrección ha quedado relegado a algún antiguo estante oscuro, junto con otros mitos y fábulas. Por tanto, la pregunta crucial de la vida es personal. Bien podría ser la pregunta que Jesús está haciendo hoy: ¿cree *usted* esto?

## LA PREGUNTA CRUCIAL DE LA VIDA ES PRECISA

*«¿Crees ESTO?»*

Aquí llegamos al meollo de la cuestión. La fe verdadera debe basarse en una verdad objetiva. Por lo tanto, esta pregunta crucial es precisa en cuatro puntos específicos relacionados con la afirmación de Jesús: «Yo soy la resurrección y la vida; el que cree en mí, aunque esté muerto, vivirá. Y todo aquel que vive y cree en mí, no morirá eternamente». ¿Cree *esto*?

¿Cree las palabras de Jesús sobre su *deidad*? Cuando Cristo usó la frase *Yo soy*, captó la atención de aquellos a su alrededor. La expresión «Yo soy» aparece más de siete veces en el Evangelio de Juan. Cada vez que nuestro Señor pronunciaba esta afirmación, aquellos que le rodeaban reconocían que era una expresión de su deidad. Era el mismo Dios, llamado «YO SOY», que apareció en Éxodo 3 en la zarza ardiente. La creencia fundamental en la fe cristiana es que Jesucristo es Dios mismo revestido de carne humana. Él no es solo un personaje histórico o el objeto de alguna historia sentimental de nuestra niñez. Él es Dios. ¿Cree *esto*?

¿Cree sus palabras acerca de la *muerte*? Jesús dijo: «Aunque esté muerto, vivirá». Muchas personas viven en negación total sobre la llegada de la muerte. Es un hecho: ¡vamos a morir! Recientemente, mientras miraba algunas fotografías de hace más o menos una década, quedé sorprendido. Mi cabello era más oscuro en ese entonces. Mi rostro tenía menos arrugas. Caí en cuenta de que mi cuerpo se ve afectado por la muerte. Estoy decayendo y deteriorándome frente a mis propios ojos. Podría hacerme una cirugía plástica o quizás alguna liposucción. Puedo consumir alimentos ricos en vitaminas y tratar de mantener bajo el colesterol. Sin embargo, nada de eso puede detener el hecho de que continuamente estoy avanzando hacia mi cita con la eternidad. ¿Cree *esto*?

¿Cree las palabras del Señor sobre el *destino*? Jesús dijo: «Aunque esté muerto, vivirá». Es extraño cómo tantas personas hoy viven como si esta vida fuera todo lo que existe. Jesús dijo que aunque la muerte es segura, vamos a volver a vivir. El cuerpo puede morir, mas no el espíritu, no esa parte de usted que vivirá mientras Dios viva y que un día se reunirá con un cuerpo glorificado por las edades en la eternidad. Tenemos un destino eterno. ¿Cree *esto*?

¿Cree sus palabras sobre la *liberación*? Jesús dijo: «Y todo aquel que vive y cree en mí, no morirá eternamente» (Juan 11.26). El Señor lo deja perfectamente claro aquí. La salvación eterna es por medio de la fe en él y no por los esfuerzos humanos o nuestras buenas obras o intenciones. ¿Cree *esto*?

Existen muchas preguntas importantes que se nos presentan en la vida. ¿A qué universidad asistiré? ¿Con quién me casaré? ¿Qué vocación seguiré? ¿Dónde viviré? Pero solo hay una gran pregunta frente a la muerte: «¿Crees esto?». ¡Eso es todo! Es intencional. ¿*Cree* esto? Es personal. ¿Cree *usted* esto? Y, es precisa. ¿Cree *esto*?

Por último, note la respuesta de Marta en el versículo siguiente: «Sí, Señor; yo he creído que tú eres el Cristo, el Hijo de Dios, que has venido al mundo» (Juan 11.27).

Al memorizar este versículo, medite en la respuesta de Marta. Se uniría a ella al profesar sencillamente: «¡Sí, Señor; yo he creído que tú eres el Cristo!». Y entonces comenzará la gran aventura por la cual usted fue, ante todo, creado.

# 19 LA RECETA DE DIOS
# PARA UN AVIVAMIENTO

*Si se humillare mi pueblo, sobre el cual mi
nombre es invocado, y oraren, y buscaren
mi rostro, y se convirtieren de sus malos
caminos; entonces yo oiré desde los cielos, y
perdonaré sus pecados, y sanaré su tierra.*

2 CRÓNICAS 7.14

*D*urante unas navidades recientes, mientras pasaba por la cocina donde mi esposa estaba ocupada preparando la gran comida familiar, captó mi atención una tarjeta que se había puesto amarillenta con el paso de los años. Al mirarla detenidamente, me di cuenta de que era la letra de mi madre. Era su antigua receta para uno de mis platos favoritos. Cuando se hace precisamente como dicen las indicaciones, ¡sabe igual a como mi madre solía prepararlo!

Dentro del corazón de cada uno de nosotros hay un anhelo por algo más, un tiempo de un nuevo refrigerio espiritual, un avivamiento personal, si lo desea. Dios tiene su propia receta para un avivamiento en nuestros corazones y la ha escrito para todos nosotros: «Si se humillare mi pueblo… entonces yo oiré desde los cielos». Y cuando se hace exactamente lo que dice esta receta y se pone en práctica, resultará en un nuevo espíritu que nos reanimará y nos permitirá elevarnos a nuevas regiones espirituales que algunos de nosotros nunca hemos conocido.

Se habla mucho de avivamiento desde el lado humano, desde una perspectiva humana. De este modo, el enfoque está centrado en el hombre. Por un momento, busquemos transportarnos y considerar el avivamiento personal desde el trono de Dios. Es decir, desde la perspectiva de Dios.

## EL DESEO DE DIOS
*«Si se humillare MI pueblo… entonces…»*

Dios está esperando, dispuesto, y anhelando enviar un nuevo espíritu de avivamiento sobre su pueblo. Sin embargo, no anula nuestra propia voluntad. Por consiguiente, en un sentido concreto, si bien el avivamiento es siempre obra soberana del Dios Todopoderoso, también es condicional. La Biblia dice: *«Si* se humillare mi pueblo…»*. Si se cumplen ciertas condiciones, se obtendrán ciertos resultados.

Dios anhela enviarnos un avivamiento: «No quiere que nadie perezca» (2 Pedro 3.9, NVI). Existe una razón concreta por la cual un avivamiento personal no es un milagro y es simplemente porque Dios responde sus promesas si su pueblo cumple con las condiciones.

## EL DESIGNIO DE DIOS
*«Si se humillare MI pueblo…»*

El avivamiento depende del propio pueblo de Dios. Escuche su invitación: *«Si* se humillare *mi* pueblo…»*. El verdadero testimonio detrás de cualquier avivamiento en la historia comienza cuando el pueblo de Dios se humilla y comienza a rogar ante el trono por un viento fresco de su Espíritu. Si uno lee la historia de muchos de los grandes despertares nos revela que, por lo general, comienzan con un hombre o una mujer que busca con fervor lo que el salmista llamó «aceite fresco» (Salmos 92.10).

El problema de Dios hoy en día no es con el inconverso, sino con su propio pueblo. Muchos señalan que la decadencia de nuestra cultura es el resultado del decaimiento de nuestros valores morales y la influencia de los factores seculares y completamente impíos que nos rodean. No obstante, Dios revela que el verdadero problema no es con «ellos» sino con «nosotros». O, como una vez dijo Jesús, no deberíamos tratar de sacar la paja del ojo ajeno hasta que primero quitemos la viga de nuestro propio ojo (Mateo 7.3-5). El designio de Dios para un avivamiento comienza con su propio pueblo.

## LA PETICIÓN DE DIOS

*«Si se humillare mi pueblo… y oraren, y buscaren mi rostro, y se convirtieren de sus malos caminos»*

La petición de Dios comienza con un llamado para que su propio pueblo se humille, reconozca y confiese su necesidad de buscarle a él por sobre todas las cosas. Los cristianos deben estar en una vigilia constante para evitar caer en la tentación del orgullo espiritual y el egocentrismo. La verdadera humildad implica un espíritu quebrantado delante del Señor.

En segundo lugar, Dios llama a su pueblo a orar. Esta palabra no implica la simple recitación de oraciones, sino un ferviente clamor a él. Las oraciones de muchos cristianos pueden resumirse con las cuatro palabras de Efesios 6.12: «Porque no tenemos lucha». Cada verdadero avivamiento en la historia ha nacido a causa de la oración. Leemos acerca de la iglesia primitiva que «cuando hubieron orado, el lugar en que estaban congregados tembló; y todos fueron llenos del Espíritu Santo, y hablaban con denuedo la palabra de Dios» (Hechos 4.31).

Luego, Dios pide que busquemos su rostro. Él le dijo a Jeremías: «Y me buscaréis y me hallaréis, porque me buscaréis de todo vuestro corazón» (Jeremías 29.13). Si hoy los creyentes pasaran tanto tiempo buscando su rostro como cuando buscan las manos de Dios, estaríamos camino a un avivamiento. Muchas de nuestras oraciones parecen consumirse con la búsqueda de lo que nos pueden dar sus manos, ya sean necesidades materiales o físicas. Quizás, solo una pequeña parte de nuestras oraciones está dirigida a simplemente buscar su rostro para un avivamiento personal.

La petición de Dios también comprende convertirnos de nuestros «malos caminos». Los pecados sin confesar y, por consiguiente, sin perdonar son los mayores obstáculos de un avivamiento. Como Salomón nos recordó: «El que encubre sus pecados no prosperará; mas el que los confiesa y se aparta alcanzará misericordia» (Proverbios 28.13). Note que no es suficiente simplemente arrepentirnos y confesar nuestros pecados; también debemos apartarnos de ellos.

## EL DELEITE DE DIOS *«yo oiré desde los cielos, y perdonaré sus pecados, y sanaré su tierra»*

Dios se deleita en perdonarnos y limpiarnos de nuestros pecados. ¿Por qué? A fin de que nos apropiemos de todo lo que implica la cruz de Cristo, de modo que, en lo que a nosotros respecta, su muerte no haya sido en vano. Dios se deleita más en sanar nuestros corazones y nuestros hogares que nosotros mismos.

Él está dispuesto, esperando y anhelando ser fiel a sus promesas si respondemos a las condiciones que somos llamados a cumplir.

Si mi hija y yo tuviéramos un malentendido o algo rompiera nuestra comunión, anhelaría que nuestra relación fuera restaurada. Si ella se acercara a mí en humildad, me pidiera perdón y me mirara amorosamente, ¿cómo cree que yo reaccionaría? Por supuesto que la perdonaría y la recibiría con un corazón y unos brazos abiertos. ¡Con razón la Biblia revela que nuestro Padre celestial hará mucho más por nosotros! Este Dios maravilloso, quien ve a los pajarillos que caen a la tierra, hará mucho más por usted (Mateo 6.25-27, 10.29).

Al memorizar este versículo, medite en el hecho de que el avivamiento personal, si bien es obra de Dios, también es condicional: «Si se humillare mi pueblo… entonces yo oiré desde los cielos». Dios tiene una receta para el avivamiento personal. La parte que nos toca no es tan difícil. Simplemente nos llama a seguir sus instrucciones.

# 20 ¡OH, ESE MEDIO BLANDO!

*He sido crucificado con Cristo, y ya no vivo yo, sino*
*que Cristo vive en mí. Lo que ahora vivo en el cuerpo,*
*lo vivo por la fe en el Hijo de Dios, quien me amó y*
*dio su vida por mí.*

GÁLATAS 2.20, NVI

La familia de mi padre se mudó a Texas desde Tennessee en el 1800. Cuando yo era niño en la década de los cincuenta, cada verano hacíamos nuestro viaje anual a Tennessee para visitar a mi tía abuela Ann. Me encantaban esos viajes largos en coche en los días en que aún no existían las rutas interestatales. Solíamos quedarnos en su casa, y yo dormía en una antigua cama de hierro sobre un colchón de plumas. Todo aquel que haya tenido una experiencia similar sabe que varias veces durante la noche uno se despierta hecho una bola en el medio de ese suave colchón de plumas. Una vez oí a Stuart Briscoe referirse a la vida cristiana como un suave colchón. Me identifico. Esa cama era extremadamente firme en ambos extremos de hierro; pero, oh, ese medio blando.

Muchos cristianos viven sus vidas como esa antigua cama de hierro con el suave colchón de plumas. Es decir, están firmes en ambos extremos. Están firmes en el extremo delantero: saben que, en un momento determinado, pusieron su confianza en Cristo y tienen la seguridad de que han nacido de nuevo. También están firmes en el extremo opuesto: saben que van a ir al cielo cuando mueran. Pero, oh, ese medio blando; esos años en el medio para seguir el ritmo de los principios de la vida cristiana en el yunque de las experiencias personales diarias. Y ese medio a veces parece estar hundido.

En Gálatas 2.20 encontramos el secreto para afirmar ese medio de nuestro caminar con Cristo. Este es el segundo versículo que recuerdo memorizar siendo un adolescente. Después de mi conversión, sabía que algo grande y glorioso había tomado lugar dentro de mí. Le pregunté a uno de mis nuevos amigos cristianos: «¿Qué me sucedió?». Él me señaló Gálatas 2.20. Lo memoricé aquel día y lo he guardado en mi corazón como uno de los versículos que me ha ayudado a lo largo de los años de mi propia experiencia como cristiano. Este es uno de los versículos más personales de toda la Biblia. Como un prado en primavera repleto de zumbidos, este versículo está lleno de pronombres personales. (Hay siete pronombres personales en total, dependiendo de la versión de la Biblia en inglés). Este solo versículo tal vez sea la descripción más completa de la vida cristiana que puede hallarse en el Nuevo Testamento. Nos revela aquello que Cristo ha hecho por nosotros.

## TOMÓ MI VIEJA VIDA
*«He sido crucificado con Cristo»*

En esta declaración de Pablo, se usa el tiempo verbal perfecto; es decir, la acción ha sido terminada en el pasado con resultados continuos. La voz es pasiva; es decir, el sujeto es el receptor de la acción, todo gracias a Cristo. Después de todo, no podemos crucificarnos a nosotros mismos. Podríamos clavarnos una mano o un pie a la cruz, pero no podemos crucificarnos. Esta declaración también está expresada en modo indicativo, lo cual significa que es un enunciado simple de un hecho conocido. El apóstol no dijo que Cristo fue crucificado *por* mí, sino que fue más allá y dijo que fui crucificado *con* Cristo. Es una declaración de hecho. Jesús lo hizo, no yo. Su crucifixión tuvo lugar hace mucho tiempo, pero tiene un efecto continuo hasta hoy.

Cuando el doctor R. G. Lee, el ya fallecido y gran predicador del evangelio, fue por primera vez a un peregrinaje a Jerusalén, él y su grupo de turistas llegaron a Gólgota, el lugar de la crucifixión. Lee, conmovido, se adelantó al grupo. Cuando se volvieron a reunir con él en ese lugar sagrado, lo encontraron arrodillado y con lágrimas corriendo por sus mejillas. «Vaya, Dr. Lee, veo que ha estado aquí antes», señaló uno de los integrantes del grupo. «No… Sí… Sí, he estado aquí antes. Casi dos mil años atrás». Y entonces el viejo predicador citó Gálatas 2.20.

Cuando el Señor Jesús fue colgado en la cruz del Calvario, la multitud veía solo a un hombre en esa cruz del centro. Pero Dios el Padre no veía solo a Cristo sino a usted y a muchos otros, quienes pondrían su fe en él. Cuando recibimos a Cristo, Dios toma nuestra vieja vida. Somos crucificados con Cristo. En la cultura del primer siglo, una persona llevando una cruz significaba solo una cosa: estaba destinada a morir. Debemos tomar nuestra cruz y vivir como hombres y mujeres muertos, muertos a nuestra vieja vida y vivos a una vida nueva en Cristo.

# PUSO EN MÍ UNA VIDA NUEVA

*«ya no vivo yo, sino que Cristo vive en mí»*

La vida nueva en Cristo no es una vida reformada. Tampoco es una vida mejorada. Ni siquiera es una vida cambiada. Es una vida *inter*cambiada. Le damos a Dios nuestra vieja vida, y él nos da una vida nueva. El apóstol Pablo había muerto a su vieja vida egocéntrica y despertado a una nueva vida en Cristo. Mientras muchos dicen: «No vive Cristo, sino yo», el creyente dice: «¡No vivo yo, sino Cristo!».

Considere este pensamiento maravilloso: «Cristo vive en mí». Si literalmente pudiéramos despertar a esta revelación, iríamos camino a «trastornar el mundo entero» como lo hicieron aquellos que nos precedieron en la iglesia primitiva (Hechos 17.6). No hay manera de derrotar a un hombre que verdaderamente cree que Cristo está vivo y que mora permanentemente en su interior.

# ME DIO SU PROPIA VIDA

*«me amó y dio su vida por mí»*

Existen dos realidades que desearía que el mundo pudiera conocer: Dios le ama y dio su vida por usted. Estos verbos son aoristos, es decir, en un momento puntual el gran amor de Dios lo llevó a la cruz y allí, por su propia voluntad, entregó su vida por usted.

Piense en esto: «Me amó». Si le preguntara a Pablo cómo demostró su amor por mí, respondería sin ni siquiera pestañear: «Él... dio su vida por usted». Jesús demostró su amor. Murió en mi lugar. Su amor tomó mi pecado para que yo pudiera tomar su justicia. Su amor venció mi muerte para que yo pudiera vivir su vida. ¡Dio su vida por *mí*! ¡Cuán maravilloso Salvador!

Quizás su vida sea como la antigua cama de hierro de mi tía abuela Ann: firme en ambos extremos, pero hundida en el medio. Usted puede afirmar el medio al comprender este versículo y volverlo parte de su ser.

Al memorizar este versículo, medite en las palabras que escribió Elizabeth Clephane hace más de ciento cincuenta años en su vieja canción de la fe:

*«Oh, Cristo, en ti he hallado completa*
*   y dulce paz;*
*No busco bendición mayor que la de*
*   ver tu faz;*
*Sin atractivo el mundo está,*
*   ya que ando por tu luz:*
*Avergonzado de mi mal, mi gloria es*
*   ya la cruz».*

# 21   SALIR DE PESCA

> *«Vengan, síganme —les dijo Jesús—, y los haré*
> *pescadores de hombres».*
>
> MARCOS 1.17, NVI

*Vengan, síganme.* Esas eran dos palabras que nuestro Señor pronunciaba a menudo. Esta vez se encontró con un grupo de pescadores que estaban concentrados en su actividad pesquera de toda la vida, los miró fijamente a los ojos y los instó a dejar sus redes y a seguirle en un recorrido que transformaría sus vidas. En Capernaúm, Jesús vio a un judío que recaudaba impuestos para los opresores romanos. Nuevamente, pronunció esas dos sencillas palabras, y Mateo dejó su bolsa de dinero y lo siguió. Una y otra vez, en los evangelios, leemos este simple llamado. Cuando respondemos al llamado de Jesús y nos convertimos en sus seguidores, comienza a interesarnos lo que a él le interesa. Jesús nos reveló que «vino a buscar y a salvar lo que se había perdido» (Lucas 19.10). La verdad es que, si realmente somos seguidores de Jesús, también estamos pescando.

Siempre me ha llamado particularmente la atención que, cuando llegó la hora de elegir su equipo, a quienes capacitaría y enviaría con una comisión para alcanzar a naciones enteras, Jesús escogió a hombres rudos y toscos que habían pasado toda su vida en el negocio de la pesca. No fue a las instituciones educativas de más alto nivel en búsqueda de las mentes más brillantes. No fue a las sedes de gobierno en busca de aquellos con grandes facultades de persuasión. No se dirigió a las yeshivas y escogió a los más experimentados en la Torá. Fue a Galilea, a un grupo de pescadores torpes y los llamó a seguirle con la promesa de que él los haría «pescadores de hombres». ¿Por qué ellos? ¿Por qué pescadores?

Mi familia y yo vivimos sobre la costa atlántica por quince años, entre muchas personas cuyos estilos de vida estaban relacionados con la pesca. De vez en cuando, tomaba un hidroavión desde Fort Lauderdale hasta la pequeña isla de Bimini en búsqueda del macabí escurridizo de los bajos de Bimini, en comparación, la mejor pesca deportiva del mundo. Mi guía era siempre el legendario «Bonefish Sam» Ellis. Ya era viejo en esa época, pero todavía podía divisar una espina dorsal desde un campo de fútbol de distancia. Solíamos pescar durante todo el día bajo el sol abrasador de la isla. En una ocasión, de regreso a mi hogar, mientras volaba con dirección a la puesta del sol, escribí algunas líneas en mi diario para describir a esta leyenda experimentada de la pesca. Me di cuenta de que lo que yo veía en Bonefish Sam es lo que Jesús hoy busca en sus seguidores. *Y estas características son el fundamento de por qué llamó a pescadores para que le siguieran.*

# UN PESCADOR VERDADERO ES POSITIVO

Al salir del muelle, Sam siempre exclamaba algo así como: «¡Hoy es el día! ¡Hay un récord mundial de macabíes allí afuera esperando a que los atrapemos!». Era tan positivo que para cuando llegábamos al sitio de pesca, yo estaba tan entusiasmado que ya estaba pensando en dónde colocaría mi trofeo por el récord de pesca. Esta actitud es característica de todos los verdaderos pescadores. Un pescador de verdad siempre está a un intento de pescar el más grande.

Y esta es la clase de persona que Jesús llama a seguirle. Busca a aquellos que sean positivos, aquellos que vean una solución para cada problema y no aquellos que buscan problemas en cada solución. Un verdadero pescador es positivo.

## UN VERDADERO PESCADOR ES PERSISTENTE

¡Bonefish Sam era la persistencia personificada! Cierto día, para el mediodía, ya estábamos quemados a causa del sol, golpeados por las olas y, para colmo, no habíamos visto ni un macabí. Yo ya estaba preparado para regresar al muelle, sentarme bajo la refrescante sombra de una palmera y disfrutar de un buen almuerzo. ¡Pero no Sam Ellis! Winston Churchill debió haber aprendido su filosofía famosa de «nunca te rindas» de Bonefish Sam. Pasamos el mediodía y continuamos hasta el atardecer hasta que pescamos uno grande.

Esta es exactamente la clase de persona que el Señor Jesús sabía que transformaría al mundo. Él busca hombres y mujeres que no sean solo positivos, sino persistentes. Llama a personas que tengan una actitud de «nunca te rindas», que sigan adelante sin importar las circunstancias o situaciones. Un verdadero pescador es persistente.

# UN VERDADERO PESCADOR ES PACIENTE

Aquella noche, en el vuelo de regreso a casa, la palabra *paciente* vino de pronto a mi mente. La anoté. Sam nunca estaba apurado. Ese día me reveló que mi propia impaciencia podía impedir que me convirtiera en un verdadero pescador. También noté que, por ser paciente, él estaba dispuesto a probar diferentes métodos. Si una carnada no funcionaba, colocaba otra. No se encerraba en solo una manera de hacer las cosas. La flexibilidad era su contraseña y al final valía la pena.

Cuando llamó a esos pescadores a que le siguieran, Jesús sabía que una de sus características comunes era la paciencia. No podrían haber dedicado sus vidas a este oficio sin ella. Él sabía que aquellos que le siguieran tendrían que ser pacientes en el futuro cuando la situación pareciera desesperanzadora. Jesús continúa buscando hombres y mujeres que no se encierren en una manera de hacer las cosas. Él desea que estemos dispuestos a probar diferentes métodos cuando pescamos las almas de los hombres. Jesús sabe que un verdadero pescador es paciente.

# UN VERDADERO PESCADOR ES APASIONADO

Mientras las ruedas del hidroavión chillaban y rebotaban en la pista de aterrizaje, me apresuré para anotar una última palabra: *apasionado*. Esa misma tarde, habíamos peleado con un macabí grande por casi media hora. Finalmente, cuando se encontraba a diez pies (tres metros) del bote y a un par de horas del taxidermista, saltó del agua, escupió el anzuelo en nuestra dirección y se fue nadando. A Sam le agarró el ataque del pescador. Ese día aprendí que un verdadero pescador es apasionado. ¡Odia perder una presa!

Esta es la clase de personas que Jesús quiere en su equipo. Aún está llamando a personas apasionadas a seguirle. Desea que sus seguidores, al igual que Bonefish Sam, siempre odien perder un alma.

A menudo, pienso en Bonefish Sam Ellis cuando recluto hombres y mujeres para formar parte de mi equipo. Quiero gente a mi alrededor como ese viejo pescador de los bajos de Bimini. Tomando el ejemplo del Señor, trato de buscar a aquellos que sean positivos, persistentes, pacientes y apasionados.

Al memorizar este versículo, medite en el hecho maravilloso de que el Señor Jesús aún usa personas ordinarias como usted y como yo para hacer cosas extraordinarias para su gloria. Sea positivo; comience a buscar una solución en cada problema. Sea persistente; nunca se rinda. Sea paciente; intente algunos métodos diferentes. Y sea apasionado, ¡no deje que nada se le escape! «Vengan, síganme —les dijo Jesús—, y los haré pescadores de hombres».

# 22 LA VERDADERA CONFESIÓN

*Si confesamos nuestros pecados, él es fiel*
*y justo para perdonar nuestros pecados,*
*y limpiarnos de toda maldad.*

1 JUAN 1.9

En la primera epístola que lleva su nombre, Juan les escribe a los creyentes. Veinte veces en esos cinco cortos capítulos utiliza el verbo *conocer* a fin de que tomemos consciencia de que podemos tener la seguridad de que la salvación nos fue ofrecida gratuitamente por medio del Señor Jesucristo. Este es el mismo Juan que una vez fue un pescador galileo despreocupado, quien se abrió paso al círculo íntimo de nuestro Señor junto con su hermano Santiago y Simón Pedro. Este es el mismo Juan que se recostó en el pecho del Señor durante la Última Cena en el aposento alto. Y es el mismo seguidor fiel que estuvo con María al pie de la cruz cuando todos los demás le habían abandonado y huido (Marcos 14.50).

Ahora Juan revela a nuestros corazones uno de los secretos para guardar la comunión con Cristo, y ese secreto es el perdón de los pecados. El origen de la palabra traducida como *perdonar* en nuestras versiones en español se encuentra en una palabra griega que significa dejar ir o despedir. La misma se usa cuando el sumo sacerdote deja ir al macho cabrío por el desierto, simbólicamente llevando consigo los pecados del pueblo de Israel. También es la palabra que se usa cuando se describe que la fiebre abandonó a cierta persona después del toque de Jesús. Y es el deseo de Dios dejar salir los pecados de nuestras vidas. Él ha provisto una manera, y es el tema que nos ocupa en 1 Juan 1.9. Aquí descubrimos cómo dejamos ir nuestros pecados a fin de que, como dijo el salmista, se alejen de nosotros «cuanto está lejos el oriente del occidente» y no haya de ellos memoria.

## EL PERDÓN ES CONDICIONAL

*«Si confesamos nuestros pecados»*

Muchas de las promesas de Dios son condicionales a ciertos requerimientos que sus hijos deben cumplir. En este devocional, ya hemos visto esta verdad en 2 Crónicas 7.14: «Si se humillare mi pueblo… entonces yo oiré desde los cielos». El perdón del cual se habla en 1 Juan 1.9 también depende del gran «Si»: «Si confesamos nuestros pecados». De este modo, somos confrontados de inmediato con la realidad de que el perdón de nuestros pecados es condicional a la confesión de los mismos.

El término *confesión* es una palabra compuesta en el idioma del Nuevo Testamento. Deriva de una palabra cuyo significado es «decir», y otro significado es «de acuerdo con». Confesar literalmente significa «estar de acuerdo con Dios» sobre nuestro pecado. Concordar con él con respecto al mismo. El pecado no es un vicio insignificante del cual reírnos. No es algo de lo cual nos podamos disculpar al decir que les pasa a todos. No es algún tipo de error que podamos minimizar al tratar de convencernos de que no es tan malo como los pecados que otros cometen. El pecado es tan grave que requirió de la cruz. A veces, nuestra propia culpa es la manera de Dios para decirnos: «Has pecado». La confesión, entonces, es nuestra manera de decir: «Estoy de acuerdo contigo, Dios. He pecado».

## EL PERDÓN ES CONFESIONAL
*«confesamos»*

Como vimos anteriormente, confesar significa estar de acuerdo con Dios sobre nuestro pecado. Podemos decir: «Oh, eso no es preocupación, es solo inquietud». Decimos: «Eso no es ira; es indignación justificada». O decimos: «Eso no es lujuria. Es solo una mirada apreciativa». Pero la confesión no dice tales cosas. La confesión se pone de acuerdo con Dios sobre nuestro pecado. Lo que podemos camuflar como inquietud, Dios lo llama el pecado de la preocupación. Cuando nos referimos a la indignación justificada, Dios, que conoce nuestros corazones, la llama el pecado de la ira. Cuando decimos que es solo una mirada de admiración, Dios la llama el pecado de lujuria en nuestro corazón. La confesión nos hace sincerarnos con Dios y no hay perdón sin ella.

Todo aquel que ha tenido hijos le ha pasado alguna vez que se derrame un vaso de leche sobre la mesa del desayuno. Piense en ello. El vaso se cae. La madre exclama: «¿Qué sucedió?». Todos se apresuran a pararse y comenzar a secar la mesa con las servilletas… a excepción del culpable que tímidamente pregunta: «Sí, ¿qué sucedió?». Y del mismo modo pasa con nosotros. Mentimos para cerrar un acuerdo y Dios pregunta:

«¿Qué sucedió?». Respondemos: «Bueno, fue la presión de la economía». Alguien se involucra en un romance ilícito y Dios pregunta: «¿Qué sucedió?». Respondemos: «Simplemente fue una de esas cosas inevitables que solo suceden». Pero la confesión dice: «Yo tiré el vaso… Yo mentí… Yo cometí el pecado de la lujuria… Yo soy el culpable… Asumo la responsabilidad». La confesión se pone de acuerdo con Dios al respecto. No dice: «*Si* he pecado», sino que confiesa: «He pecado». La buena noticia es que Jesucristo murió en la cruz cargando nuestros pecados en su propio cuerpo y tomando el castigo por todos ellos. El perdón es gratuito para todos…, pero es condicional y confesional.

## EL PERDÓN ES CONTINUO
### *«Si confesamos nuestros pecados»*

Note cuidadosamente que son nuestros pecados los que están en juego aquí y no nuestra *naturaleza pecaminosa*. Dios se ocupa de nuestro pecado en 1 Juan 1.7 al decir: «Pero si andamos en luz, como él está en luz, tenemos comunión unos con otros, y la sangre de Jesucristo su Hijo nos limpia de todo pecado». La palabra *pecado* está aquí en singular porque el versículo se refiere a nuestra naturaleza pecaminosa por la que Cristo murió en la cruz. Existen varias distinciones significativas entre la raíz (pecado) y los frutos (pecados). Primera Juan 1.9 se ocupa de nuestros pecados, los cuales debemos confesar de continuo cuando tomamos consciencia de los mismos por medio de la convicción en nuestro corazón.

Jesús cargó con nuestro *pecado* en el Calvario. Cuando nos convertimos a Cristo, no tuvimos que confesar todos nuestros *pecados*. ¿Quién de nosotros podría recordar a través de los años una fracción de ellos? Es en nuestra relación con Dios que nuestro pecado es limpiado y esa relación no puede ser quebrantada. Son nuestros «pecados» los que entran en juego respecto a nuestra comunión con él.

Cuando nuestra hija era joven, tomaba lecciones de piano. Cuando intentaba aprender una nueva canción, lograba tocar bien la primera parte e, inevitablemente, a mitad de la segunda parte, cometía un error. Comenzaba de nuevo, mucho más fuerte, hasta que volvía a cometer el mismo error, momento en el cual repetía todo el proceso una y otra vez. ¿Cuántas veces puede uno escuchar «I Dropped My Dolly in the Dirt» [Dejé caer mi muñeca en la suciedad] sin perder la cordura?

Pensaba en mi hija cuando escribía este capítulo. Su práctica de piano refleja la manera en que muchos de nosotros intentamos vivir la vida cristiana. Hemos intentado volver a comenzar miles de veces. No necesito un nuevo comienzo más fuerte. Ya sé de memoria los primeros cinco compases de la vida cristiana. Necesito continuar, confesar mis pecados y terminar la canción. ¡La confesión genuina conduce al verdadero perdón!

Al memorizar este versículo, medite en el camino maravilloso que Dios ha abierto para que tengamos una vida libre de los pecados de la culpa que encadenan a tantas personas. Murió por nuestro *pecado* en la cruz una vez y para siempre. Ahora se encarga de nuestros *pecados* al limpiarnos en respuesta a nuestra confesión continua. En la medida en que Dios traiga cuestiones a su mente en los momentos de entrega y meditación, póngase de acuerdo con él y viva en la firme promesa que le pertenece de 1 Juan 1.9: «Él es fiel y justo para perdonar».

# 23    EL GRAN MANDAMIENTO

*Amarás al Señor tu Dios con todo tu corazón, y con toda tu alma, y con todas tus fuerzas, y con toda tu mente; y a tu prójimo como a ti mismo.*

LUCAS 10.27

❧❧❧❧❧❧❧❧❧❧❧❧❧

¿Cuál es su propósito principal en la vida? Todo tiene un propósito principal. El de un automóvil es transportarnos. En lo personal, preferiría tener un Chevrolet que me lleve a todos lados, en lugar de un lujoso auto importado que solo pueda usar ocasionalmente. El propósito principal de un bolígrafo es escribir. Prefiero tener uno de plástico y económico que fluya correctamente que un bolígrafo sofisticado alemán que escriba entrecortado. Nuestro propósito principal se encuentra en las palabras del versículo de esta semana: «Amarás al Señor tu Dios… y a tu prójimo como a ti mismo».

Todos los mandamientos de Dios son puros, pero solo uno recibe el nombre de «el gran mandamiento». Este es aquel que aborda el amor por Dios y por nuestro prójimo. Este mandamiento es el mayor porque incluye los Diez Mandamientos dentro de un solo versículo. Los primeros cuatro de los diez tienen que ver con nuestra relación con Dios (Éxodo

20.2-11). Por eso, Jesús dijo: «Amarás al Señor tu Dios». Los últimos seis tienen que ver con nuestra relación con los demás (Éxodo 20.12-17). Por eso, el Señor continuó diciendo: «Y [amarás] a tu prójimo como a ti mismo». La primera parte de este gran mandamiento tiene que ver con nuestra actitud y la última parte con nuestras acciones. Nuevamente, aquí aparece el principio de la supremacía del *ser* sobre el *hacer* que hemos visto entretejerse a través de las Escrituras.

## NUESTRA ACTITUD

*«Amarás al Señor tu Dios con todo tu corazón, y con toda tu alma, y con todas tus fuerzas, y con toda tu mente»*

El Señor Jesús calificó esto como un mandamiento. No es una opción ni una sugerencia. Asimismo, es importante notar que este mandamiento está dirigido a aquellos que conocen a Cristo de manera personal a través del nuevo nacimiento. Es el Señor *tu* Dios a quien él se refiere. Uno no puede amar verdaderamente a alguien a menos que realmente conozca a esa persona, y no puede conocer a alguien a menos que pasen tiempo a solas. El énfasis aquí está puesto en amar a aquel que nos amó primero y entregó su vida por nosotros.

No tenemos que retener nada cuando amamos a Dios. Debemos amarle con todo nuestro corazón. Jesús una vez habló sobre aquellos que le honraban de labios, pero no de corazón —sus corazones estaban lejos de él— (Mateo 15.8). Debemos amar a Dios con toda nuestra mente. Un corazón lleno de amor no es excusa para una mente vacía. Y nuestra actitud debe revelar que amamos a Dios con toda nuestra fuerza y alma. En otras palabras, todo nuestro ser debe entregarse a Dios en amor.

## NUESTRAS ACCIONES

*«[amarás] a tu prójimo como a ti mismo»*

Si realmente tenemos una actitud de amor hacia el Señor, entonces las acciones que muestran nuestro amor hacia los que nos rodean serán tan naturales como el agua que corre cuesta abajo. Nos es dado este gran mandamiento en el contexto de la historia que Jesús contó sobre el buen samaritano. Concluye esta historia acerca del amor por otros con una exhortación: «Ve, y haz tú lo mismo» (Lucas 10.37). El amor siempre se equipara con una acción. El amor es algo que hacemos. Si tenemos la actitud de amar a Cristo con todo nuestro corazón, entonces nuestras acciones resultarán en amar a quienes nos rodean.

Jesús dijo que debemos amar a nuestro prójimo como a nosotros mismos. Muchos de aquellos que no han encontrado su verdadera identidad en Cristo tienen un problema aquí. Muchos tienen muy poca autoestima o amor propio. Por eso, este mandamiento está dirigido a quienes se hayan enamorado del Señor Jesús, porque solo aquellos de nosotros que hemos encontrado nuestro valor en él podemos amar en el grado que él nos manda.

Mantener las cosas en el orden correcto es fundamental. En primer lugar, debemos amar a Dios. Después, nuestras acciones hacia otros serán el reflejo de una actitud amorosa hacia él. Este hecho nos revela la falacia del humanismo. El humanismo nos dice todo lo contrario de lo que Jesús expresó en el gran mandamiento. El sistema de este mundo nos dice que la manera de amar a Dios es amar primeramente al hombre. Pero Jesús dijo: «No, la forma de amar verdaderamente a tu prójimo es amar al Señor por sobre todas las cosas».

Años atrás, cuando me enamoré de mi esposa, Susie, nos separaban un par de cientos de millas. Yo estudiaba en Fort Worth y ella en Austin. Rápidamente descubrí que cuando dos personas se enamoran, les gusta pasar tiempo juntas. Les gusta estar juntas... ¡a solas! Les agrada escribirse cartas o enviarse correos electrónicos. Quieren hablar por teléfono a diario. ¿Ama usted a Dios? Una buena evaluación es hacerse estas preguntas: ¿me gusta estar con él? ¿Me gusta estar con él... a solas? ¿Disfruto leer sus cartas de amor, la Biblia? ¿Me deleito en hablar con él por medio de la oración?

En verdad, todas las cosas tienen un propósito principal. La pregunta en cuestión es: «¿Estamos cumpliendo el propósito principal de Dios en nuestras vidas al obedecer el mayor de los mandamientos?».

Al memorizar este versículo, medite en el hecho de que este mandamiento de los labios de nuestro Señor es tan poderoso que, en este solo versículo, incluyó todos los Diez Mandamientos: «Amarás al Señor tu Dios... y a tu prójimo como a ti mismo».

# 24 UN MANDAMIENTO NUEVO

*Un mandamiento nuevo os doy:*
*Que os améis unos a otros; como yo os he amado,*
*que también os améis unos a otros.*

JUAN 13.34

M i profesora de química en la secundaria solía hablar siempre sobre la «prueba de fuego», un método infalible para identificar una sustancia. La Biblia nos revela que la prueba de fuego de la vida cristiana es el amor. Amar no es simplemente una virtud de la vida cristiana; *es* la vida cristiana misma. Es el oxígeno del reino. Sin el amor no hay vida. Todo —los dones espirituales, la profecía, el conocimiento, la sabiduría— pasará, pero el amor no conoce fin. Atraviesa el portal de la muerte hasta la eternidad. Pablo dijo que si «no tengo amor, de nada me sirve» (1 Corintios 13.3).

En el capítulo anterior memorizamos el gran mandamiento. Ahora, en la noche previa a su crucifixión, nuestro Señor nos da un «mandamiento nuevo» que sustituye a los otros, no solo en actitud, sino también en acción.

# UN MANDATO NUEVO

*«Un mandamiento nuevo os doy: Que os améis unos a otros; como yo os he amado»*

Una lectura rápida de este texto podría tentar al lector a pasar por alto dos palabras muy importantes. Por una parte, este es un *mandamiento*. No es una sugerencia o una simple opción. Tiene tras de sí toda la autoridad de la deidad. Y es un mandamiento *nuevo*. Si bien el idioma del Nuevo Testamento revela que este mandato no es nuevo en el tiempo (el amor de Dios siempre ha existido), es nuevo en su expresión. Es fresco; es lo opuesto a viejo.

Hasta ahora, en vísperas de la crucifixión, lo mejor que podíamos hacer era vivir conforme al antiguo mandamiento. El mismo se encuentra en Levítico 19.18 y se menciona en el gran mandamiento: «Amarás a tu prójimo como a ti mismo». Este amor propio es un amor limitado. Por lo general, está condicionado a ciertas cuestiones como el tiempo o la conducta, diversas situaciones o la condición social. Puede prestarse al egoísmo porque se trata de un amor propio. También puede ser cambiante e inconstante.

Sin embargo, el verdadero amor se expresa en un mandamiento nuevo. Por treinta y tres años, Jesús nos dio una ilustración de cómo el verdadero amor debía demostrarse. Hasta ese entonces, lo mejor que podíamos hacer era vivir conforme al antiguo mandamiento que se refería al amor propio. En esencia, Jesús dijo: «Por más de tres décadas les he mostrado el verdadero amor. Estoy pronto a marcharme, pero antes de irme, les dejo un mandamiento nuevo. Ya no van a amarse unos a otros como a ustedes mismos, sino "como yo os he amado"».

# UNA REACCIÓN NATURAL

*«como yo os he amado, que también os améis unos a otros»*

Somos totalmente incapaces de amar de este modo por nosotros mismos. La única forma en que esta sea nuestra reacción natural es conocer de manera experiencial el amor de Cristo y tenerlo en nuestros corazones. Este mandamiento nuevo cambia las cosas. Ya no tendremos que amar desde ese lugar propio. Ahora, debemos amar como Jesús nos amó: incondicionalmente. Una vez que recibimos su amor, debemos compartirlo con otros de la misma manera en la que él nos ama. Para los que hablan del pensamiento revolucionario, aquí está personificado.

A fin de amar a nuestro prójimo en este nivel, debemos conocer la clase de amor con la que Jesús nos ama. Su amor es *ilimitado*. Pablo les dijo a los romanos que nada «nos podrá separar del amor de Dios, que es en Cristo Jesús Señor nuestro» (Romanos 8.39). A los efesios, les habló de «la anchura, la longitud, la profundidad y la altura» del amor de Dios (3.18). El amor de Cristo por nosotros no solo es ilimitado, sino que también es *incondicional*. No está condicionado al tiempo ni a la conducta ni a las situaciones que puedan estar en juego. De hecho, «Dios muestra su amor para con nosotros, en que siendo aún pecadores, Cristo murió por nosotros» (Romanos 5.8). Su amor es *desinteresado*, de tal manera que se entregó a sí mismo para morir en una cruz. Y, por supuesto, debemos notar que su amor también es *inmutable*.

Como dijo el autor de Hebreos: «Jesucristo es el mismo ayer, y hoy, y por los siglos» (13.8). Por lo tanto, en la medida en que forjemos nuestras relaciones amorosas en el crisol de nuestra propia experiencia, podremos amar a otros con un amor ilimitado, incondicional, desinteresado e inmutable. Bueno, si es que amamos a otros como nos amó Jesús a nosotros.

¿Cuál es el resultado de este tipo de amor? El siguiente versículo es explícito: «En esto conocerán todos que sois mis discípulos, si tuviereis amor los unos con los otros» (Juan 13.35). Quizás Juan lo expresó mejor cuando dijo: «Amados, amémonos unos a otros; porque el amor es de Dios. Todo aquel que ama, es nacido de Dios, y conoce a Dios. El que no ama, no ha conocido a Dios; porque Dios es amor» (1 Juan 4.7-8). Este antiguo receptor del amor de Cristo agregó: «Nosotros sabemos que hemos pasado de muerte a vida, en que amamos a los hermanos» (1 Juan 3.14).

Ciertamente, el amor *es* la vida cristiana. Es el oxígeno del reino. Es la prueba de fuego de nuestro propio discipulado. Dios no nos escribió en el cielo ni nos envió un tratado para revelarnos su amor. Él mostró su amor para con nosotros al enviar a su Hijo. Su obra fue por amor.

Al memorizar este versículo, medite en el hecho de que la Biblia nos muestra el verdadero amor en todo lo que Jesús dijo e hizo. Ahora, nuestro desafío es obedecer este «mandamiento nuevo» al amar a otros conforme a este nivel superior de amor, de la misma manera en que Jesús nos ama.

# 25 TRES VERSÍCULOS PARA LA JUVENTUD... ¡Y PARA EL RESTO DE NOSOTROS!

*Si, pues, coméis o bebéis, o hacéis otra cosa, hacedlo todo para la gloria de Dios.*

1 CORINTIOS 10.31

*Poco* después de convertirme en seguidor de Cristo a la edad de diecisiete años, alguien me mencionó tres versículos muy importantes para los creyentes jóvenes. Recuerdo claramente que de inmediato los escribí en la guarda de mi Biblia. Durante esos primeros meses de mi caminar con Cristo, solo Dios sabe cuántas veces me referí a ellos hasta que quedaron guardados para siempre en el banco de memoria de mi mente.

En estas casi cinco décadas de mi vida cristiana, he poseído docenas de Biblias de todos los tamaños, traducciones, colores e idiomas. No obstante, todas tienen una cosa en común. Estos tres versículos se encuentran escritos de puño y letra en la guarda de cada una de ellas.

De vez en cuando, en el transitar de nuestras vidas, todos llegamos a una encrucijada de la tentación, ese lugar donde debemos tomar una decisión sobre qué camino debemos escoger. El tentador siempre está parado en la intersección y busca persuadirnos para escoger el camino incorrecto. Los tres versículos que se resaltan en este capítulo revelan tres preguntas muy importantes, incluso cruciales, que debemos plantearnos a fin de anticipar qué camino tomar en una de estas intersecciones inevitables de la vida. Lo invito a reflexionar en ellos, aprender de ellos y escribirlos en la guarda de su propia Biblia.

## ¿PUEDO AGRADECERLE A DIOS POR ELLO?

Cuando nos encontramos ante la encrucijada de la tentación, debemos preguntarnos: «Si escojo este camino, si digo tal cosa o llevo a cabo determinada acción, entonces, cuando todo esté dicho y hecho, ¿puedo agradecerle a Dios por ello?». La Biblia dice: «Dad gracias en todo, porque esta es la voluntad de Dios para con vosotros en Cristo Jesús» (1 Tesalonicenses 5.18).

Fuimos llamados a dar gracias «en todo». Si tenemos alguna actitud o comportamiento de nuestra parte por el cual no podemos darle gracias a Dios con posterioridad, entonces deberíamos evitarlo a toda costa. Es interesante notar que no fuimos llamados a darle gracias a Dios *por* todo sino *en* todo.

## ¿PUEDO HACER ESTO EN EL NOMBRE DE JESÚS?

En la carta de Pablo dirigida a aquellos en Colosas, amonestó a los creyentes —y a nosotros— diciendo: «Y todo lo que hacéis, sea de palabra o de hecho, hacedlo todo en el nombre del

Señor Jesús, dando gracias a Dios Padre por medio de él» (Colosenses 3.17). No solo debemos dar gracias en todo, sino que también debemos hacerlo todo en el nombre del Señor Jesús.

¿Puede imaginarse qué sucedería en nuestra vida si consideramos seriamente esta cuestión? Haría una enorme diferencia en lo que saliera de nuestras bocas. Haría una enorme diferencia en lo que hiciéramos. Haría una enorme diferencia en lo que viéramos y en lo que leyéramos. ¿Puedo hacer esto en el nombre de Jesús? Si nos hiciéramos esa pregunta cuando estamos parados ante la encrucijada de la tentación, muchas de las cosas que decimos y hacemos serían diferentes. Hay otra pregunta más y se basa en el versículo de este capítulo.

## ¿PUEDO HACER ESTO PARA LA GLORIA DE DIOS?

La Biblia dice: «Si, pues, coméis o bebéis, o hacéis otra cosa, hacedlo todo para la gloria de Dios» (1 Corintios 10.31). El verdadero creyente está motivado por el deseo de dar gloria a Dios en cada faceta de la vida. Si nos hiciéramos esta pregunta importante más seguido, no haríamos muchas de las cosas que hacemos ni diríamos muchas de las cosas que decimos.

Nadie es inmune a encontrarse en la encrucijada de la tentación. De hecho, todos nosotros nos encontramos allí cada día, varias veces al día, de una u otra manera. Deténgase. No se apresure ante una intersección ni tome el camino incorrecto precipitadamente. Hágase estas tres preguntas importantes: ¿puedo agradecerle a Dios por ello? ¿Puedo hacer esto en el nombre de Jesús? ¿Puedo hacer esto para la gloria de Dios?

Al escribir este capítulo en mi computadora, le doy gracias a Dios por aquel sujeto desconocido y olvidado quien tiempo atrás compartió conmigo estos versículos vitales. Haberlos atesorado en mi mente y en mi corazón me ha salvado de muchos giros equivocados que fui tentado a dar a lo largo del camino. He descubierto que no son versículos solo para la juventud, sino para todos nosotros.

Al memorizar este versículo, medite en la verdad de la Palabra de Dios: «Dad gracias en todo». «Y todo lo que hacéis… hacedlo todo en el nombre del Señor Jesús». «Hacedlo todo para la gloria de Dios». Y no olvide preguntarse: *¿puedo agradecerle a Dios por ello? ¿Puedo hacer esto en el nombre de Jesús? ¿Puedo hacer esto para la gloria de Dios?*

# 26 EL MEOLLO DE LA CUESTIÓN

*Porque Jehová no mira lo que mira el hombre; pues*
*el hombre mira lo que está delante de sus ojos, pero*
*Jehová mira el corazón.*

1 SAMUEL 16.7

Cuando el profeta Samuel fue a Belén para ungir al futuro rey de Israel, buscó entre los hijos de Isaí. El padre orgulloso le presentó al profeta a seis de sus hijos de buen parecer, fuertes y robustos. Eran la personificación de lo mejor que la carne podía ofrecer. Sin embargo, Samuel no se impresionó. Preguntó si había otro hijo. De hecho, sí lo había. Era un pastorcito «rubio» llamado David que estaba apacentando las ovejas de su padre. El resto es historia, Samuel nos recordó que «el hombre mira lo que está delante de sus ojos, pero Jehová mira el corazón». ¿Dónde mira Jehová? Al corazón.

Ahora vayamos al meollo de la cuestión. ¿A qué se refiere la Biblia exactamente cuando menciona «el corazón»? Esta palabra aparece más de ochocientas veces en la Biblia. ¿Acaso se refiere a esa masa muscular, del tamaño del puño de un hombre, que se ubica delante de su columna vertebral y detrás de su esternón? ¿Es ese órgano que late, en promedio, alrededor de setenta y dos veces por minuto o, a lo largo de un día, más de cien mil veces y, la mayor parte del tiempo, sin que seamos ni siquiera conscientes de ello? ¿Es esa masa muscular que late 28 millones de veces en un año y, si llegamos a los setenta años, habrá latido de continuo 2.5 mil millones de veces?

Uno de los principios útiles para comprender las verdades bíblicas recibe el nombre de «La ley de la primera mención». Es decir, hay una mirada significativa que se puede encontrar en cuanto al significado de una palabra al estudiar sus primeros usos en las Escrituras. En los primeros capítulos de Génesis, vemos tres claves que nos revelan qué quiere decir realmente la Palabra de Dios cuando se refiere al corazón.

## EL CORAZÓN ES NUESTRO INTELECTO
*«Y vio Jehová que la maldad de los hombres era mucha en la tierra, y que todo designio de los pensamientos del corazón de ellos era de continuo solamente el mal».* (Génesis 6.5)

Este es el primer uso de la palabra *corazón* en la Biblia. Aquí, está asociada con el proceso mental, el intelecto. Cuando la Biblia habla del corazón no se refiere al órgano físico que bombea la sangre a través de nuestro sistema circulatorio, sino a los pensamientos que ayudan a conformar nuestro ser. Por esta razón leemos: «Porque cual es su pensamiento en su corazón, tal es él» (Proverbios 23.7). El corazón es nuestro intelecto, la parte pensante de nuestro ser.

Cuando leemos que Jehová mira nuestro corazón, entendemos que él está mirando nuestra manera de pensar, si nuestros pensamientos son puros o no. Mientras que el hombre solo puede observar nuestra apariencia exterior, Jehová tiene la capacidad para mirar nuestros corazones, conocer nuestra manera de pensar.

## EL CORAZÓN ES NUESTRAS EMOCIONES

*«Y se arrepintió Jehová de haber hecho hombre en la tierra, y le dolió en su corazón».* (Génesis 6.6)

La segunda aparición de la palabra *corazón* en las Escrituras nos revela que involucra nuestras emociones. Cuando Jehová vio la rebelión del hombre, se «dolió en su corazón». El corazón es la sede de nuestras emociones. No solo es nuestro intelecto, sino también involucra nuestras emociones. ¿Cuántos miles de canciones de amor se han escrito acerca del corazón?

Cuando el buen samaritano vio al hombre herido en el camino a Jericó, la Biblia nos dice que «fue movido a misericordia». Otra traducción dice: «Sintió compasión por él» (Lucas 10.33, NTV). La noche previa a su crucifixión, con sus discípulos en el huerto de Getsemaní, el Señor nos reveló: «Mi alma (corazón) está muy triste, hasta la muerte» (Mateo 26.38). Y tenemos el recordatorio de Salomón: «El corazón alegre constituye buen remedio» (Proverbios 17.22). La compasión, el dolor, la tristeza y la alegría son todas emociones que emanan del corazón. Cuando las Escrituras hablan del corazón, nos hablan de nuestro intelecto y nuestras emociones.

# EL CORAZÓN ES NUESTRA VOLICIÓN

*«Y dijo Jehová en su corazón: No volveré más a maldecir la tierra por causa del hombre...».* (Génesis 8.21)

Esta tercera aparición de la palabra *corazón* se refiere a la esencia de nuestra propia voluntad, nuestra volición. Jehová dijo «en su corazón: No volveré más a...». Por lo general, encontramos esta volición entrelazada con el corazón. El hijo pródigo se encontraba en una provincia apartada, lejos de su hogar cuando su corazón fue transformado. Cambió de parecer o, como dicen las Escrituras: «Y volviendo en sí» (Lucas 15.17). Cuanto eso sucedió, cambió su volición. Dijo: «Me levantaré e iré a mi padre» (v. 18). Luego se levantó y volvió su corazón —su intelecto, sus emociones, su volición— a su hogar.

Es Dios mismo, en nuestra conversión, quien toma ese viejo corazón y nos da uno nuevo. Pues él dijo: «Y les daré corazón para que me conozcan que yo soy Jehová; y me serán por pueblo, y yo les seré a ellos por Dios; porque se volverán a mí de todo su corazón» (Jeremías 24.7).

Al memorizar este versículo, medite en que aun cuando el hombre puede mirar la apariencia exterior, Dios mira nuestros corazones. Él es consciente de nuestros pensamientos, nuestras emociones y nuestra voluntad. Hoy es un buen día para volvernos a Jehová de todo nuestro corazón (1 Samuel 7.3). Este es el verdadero meollo de la cuestión.

# 27 CONOCER LA VOLUNTAD DE DIOS

*Padre, si quieres, pasa de mí esta copa; pero no se haga mi voluntad, sino la tuya.*

LUCAS 22.42

Al caer la sombra sobre Getsemaní, encontramos a nuestro Señor orando tan angustiado que literalmente sudó gotas de sangre. Su pasión era cumplir la voluntad del Padre para su vida. Más adelante, abordó este tema de manera intencional con sus discípulos cuando les dijo: «Porque he descendido del cielo, no para hacer mi voluntad, sino la voluntad del que me envió» (Juan 6.38). Ahora bien, la noche previa a ser crucificado en una cruz romana cargando el peso de los pecados del mundo, este era el deseo que lo consumía: «No se haga mi voluntad, sino la tuya».

Dios tiene un propósito y un plan para cada uno de sus hijos. El rey David nos mostró su confianza en que Dios no encubriría su voluntad, cuando declaró: «Me mostrarás la senda de la vida; en tu presencia hay plenitud de gozo; delicias a tu diestra para siempre» (Salmos 16.11). El Señor Jesús está más interesado en que nosotros hallemos su voluntad para nuestras vidas que nosotros mismos.

Para ciertas cuestiones, la voluntad de Dios es bastante directa. Por ejemplo, Jesús dijo: «Y esta es la voluntad del que me ha enviado: Que todo aquél que ve al Hijo, y cree en él, tenga vida eterna» (Juan 6.40). No hay duda alguna de que todos aquellos que creen en Cristo tendrán vida eterna. Esta es la voluntad explícita del Padre. Pero ¿qué hay sobre otras cuestiones de la vida, otras encrucijadas que demandan nuestra atención y una decisión final? ¿Cómo podemos descubrir cuál es la perfecta voluntad de Dios para nosotros, en lugar de lo que podría simplemente ser un deseo personal egoísta? Existen algunos pasos importantes que podemos dar para conocer la voluntad de Dios.

## ASEGÚRESE DE CONOCER AL SALVADOR

Es lógico pensar que si estamos en la búsqueda de descubrir la voluntad de Dios en un área específica, en primer lugar, tenemos que conocerle como nuestro Salvador personal. Pablo lo expresó muy claramente en su primera carta a su aprendiz Timoteo: «Porque esto [que vivamos quieta y reposadamente en toda piedad y honestidad] es bueno y agradable delante de Dios nuestro Salvador, el cual quiere que todos los hombres sean salvos y vengan al conocimiento de la verdad» (1 Timoteo 2.3-4).

El paso inicial para descubrir la voluntad de Dios es asegurarse de que conozca al Salvador. Sin un conocimiento salvador de Cristo y su presencia dentro de nosotros, no podremos discernir las cosas de Dios. Como dice la Escritura, estas cosas «se han de discernir espiritualmente» (1 Corintios 2.14).

# ASEGÚRESE DE CONOCER AL ESPÍRITU

Una vez que depositamos nuestra confianza en Cristo, el Espíritu Santo viene a morar dentro de nosotros, empoderándonos para servirle y ayudándonos a «dar testimonio» con el Espíritu de Dios. Pablo nos exhortó: «No seáis insensatos, sino entendidos de cuál sea la voluntad del Señor. No os embriaguéis con vino… antes bien sed llenos del Espíritu» (Efesios 5.17-18). Cuando conocemos a Cristo como nuestro Salvador y somos guiados por su Espíritu, él se convierte en nuestro Maestro y nos «guiará a toda la verdad» (Juan 16.13). Ser sensibles a la guía del Espíritu es un factor clave para discernir la voluntad de Dios para nuestras vidas.

# ASEGÚRESE DE CONOCER LAS ESCRITURAS

Cuando queremos descubrir la voluntad de Dios, es esencial tener conocimiento de las verdades bíblicas. Dios nunca va a guiar a uno de sus seguidores a hacer algo que sea contrario a las Escrituras. Por tanto, Pablo nos desafió a que «la palabra de Cristo more en abundancia en vosotros, enseñándoos y exhortándoos unos a otros en toda sabiduría» (Colosenses 3.16). Si conocemos a Cristo, si somos guiados por su Espíritu y si permanecemos en su Palabra, nos mostrará «la senda de la vida» (Salmos 16.11).

Junto con estos tres fenómenos sobrenaturales, hay tres maneras prácticas para conocer la voluntad de Dios. La primera palabra clave es *deseo*. Dios no lo llamará a emprender cierta tarea sin primeramente haber plantado un deseo dentro de su corazón (ver Salmos 37.4). Para la persona que permanece en el Espíritu y en las Escrituras, Dios mismo implanta los deseos en el corazón. Él es quien nos da los deseos que están en nuestros corazones. La segunda palabra operativa es *oportunidad*. El solo hecho de tener un deseo no necesariamente significa que es la voluntad de Dios para nosotros. Si es la voluntad de Dios, el deseo estará acompañado de una oportunidad. En tercer lugar, debemos seguir caminando y confiando en que, si este camino o nuestro destino no forma parte de la voluntad de Dios, él cerrará la puerta.

Esto es exactamente lo que le sucedió a Pablo en su segundo viaje misionero. Él tenía un deseo y una oportunidad de viajar a Asia y Bitinia. Pero en cada ocasión, Dios le cerraba la puerta: «El Espíritu no se lo permitió» (Hechos 16.7). No fue reprendido, solo que no era la voluntad de Dios en ese momento. Inmediatamente después de eso, Pablo oyó que Dios lo llamaba para ir a Macedonia, y fue directo allí, totalmente en medio de la voluntad de Dios. La Biblia dice: «Cuando vio la visión, en seguida procuramos partir para Macedonia, dando por cierto que Dios nos llamaba para que les anunciásemos el evangelio» (Hechos 16.10). La frase *dando por cierto* significa que todo tuvo sentido. Pablo buscó y halló la voluntad de Dios, y como resultado se desató el gran avivamiento en Filipos.

Dios no desea encubrirle su voluntad. Él está más deseoso que usted de que la conozca y camine en ella. Ciertamente, él tiene un plan maravilloso para su vida y anhela poder revelarle su perfecta voluntad.

Al memorizar este versículo, medite en lo que personalmente significa conocer a Cristo. Recuerde el día en que por primera vez depositó su confianza en él y nació de nuevo. Medite en lo que significa conocer al Espíritu mientras se rinde a él. Y tómese el tiempo para meditar en las Escrituras, pues aquí descubrimos su voluntad, tantas veces escrita claramente para nosotros. Por último, únase a Jesús en su oración: «No se haga mi voluntad, sino la tuya».

# 28 LA RESPUESTA DE DIOS AL CAOS CULTURAL

*En él tenemos la redención mediante su sangre, el
perdón de nuestros pecados, conforme a las riquezas
de la gracia.*

EFESIOS 1.7, NVI

*N*uestra cultura occidental ha presenciado una decadencia sistemática y degenerativa en los valores tradi-
cionales durante las últimas décadas. En líneas generales, la
iglesia estadounidense ha tomado consciencia de que perdió
al menos dos generaciones. Los que luchan contra la cultura y
los analistas de las tendencias sociales han identificado varias
características comunes de estas «generaciones perdidas».

Entre las más prominentes de estas características sobre-
salen cinco que son específicas. Estos individuos perdidos
buscan principalmente tener una *relación significativa* en la
vida. Muchos nunca han tenido una. Para la mayoría, son el
producto de una cultura de divorcio, y piden a gritos tener
una relación seria. En segundo lugar, desean *gratificación inmediata*. Exigen: «Dámelo ahora». Han crecido en un mundo
donde todo es instantáneo, especialmente con la información

en Internet. Por consiguiente, no quieren esperar por nada. Luego, quieren *algo a cambio de nada*. Las personas en ambos extremos del espectro económico defienden una mentalidad de privilegio. Por una parte, ciertos programas de subsidios del gobierno han reforzado esta compulsión. Por otra parte, los padres adinerados les han provisto a sus hijos cada necesidad material imaginable y nunca han tenido que trabajar para conseguir algo. Cuarto, estas generaciones perdidas quieren *vivir libres de culpa*. Pero por las noches, cuando apagan la luz, todavía tienen una consciencia que anhela volver a vivir algunos momentos. Finalmente, están en *búsqueda de la prosperidad*, pero tienen poca esperanza de obtenerla. Van a ser la primera generación en la historia estadounidense que, en general, no criarán a sus hijos en casas tan bonitas como aquellas en las que fueron criados.

¿Quién tiene las respuestas que suplen las necesidades y deseos de estas generaciones más jóvenes? Irónicamente, solo la iglesia tiene las respuestas que pueden suplir las cinco necesidades de estas generaciones perdidas, y estas cinco se encuentran en un único versículo de la Escritura: Efesios 1.7.

## EL SEÑOR OFRECE ALGO PERSONAL *«En él»*

Estos jóvenes adultos están en búsqueda de una relación significativa en la vida. Note las primeras dos palabras de Efesios 1.7: «En él». Cristo no nos ofrece una religión o un ritual. Su ofrecimiento consiste en una relación, una relación personal y vibrante con él. Aquello que nos ofrece se encuentra «en él». Eso mismo que las generaciones perdidas están buscando solo puede hallarse en Cristo. La conclusión es que nunca podremos relacionarnos apropiadamente con otros hasta que nos relacionemos apropiadamente con nosotros mismos. Y nunca podremos relacionarnos apropiadamente con nosotros mismos hasta que descubramos cuán valiosos somos para Cristo y entremos en una relación personal con él. Cristo es el único que tiene la respuesta a aquello que impulsa nuestra búsqueda de significado: una relación seria en la vida.

## EL SEÑOR OFRECE ALGO AHORA
*«tenemos la redención»*

La segunda característica de estas generaciones perdidas es que están en una búsqueda de gratificación inmediata. Note la segunda frase de nuestro texto: «tenemos la redención». Lo que Cristo tiene que ofrecer es para ahora mismo. El tiempo utilizado es el presente activo del modo indicativo, que significa que el evento está ocurriendo en este preciso momento. Si bien pueden pensar que todo lo que Cristo tiene que ofrecer es para la vida venidera en el cielo, la realidad es que él marca una diferencia en nuestras vidas ahora mismo. El día cuando conocí a Cristo, siendo un joven de diecisiete años, me sentí abrumado ante la realidad de que él marcó una diferencia inmediata en mí: «Cristo *en mí*». ¡Quieren gratificación inmediata! Yo la encontré aquel día y puedo decir que solo se encuentra al conocerle a él.

## EL SEÑOR OFRECE ALGO QUE YA FUE PROVISTO *«mediante su sangre»*

Aquello que Cristo nos ofrece es gratuito. Él lo provee sin costo ni condición. Él es la mismísima persona que estos jóvenes adultos buscan. Y nosotros que conocemos a Jesús somos los únicos que tenemos la respuesta a las necesidades más profundas de sus corazones. No es por su poder ni por su amor ni por su enseñanza, sino es a través de su sangre que él ha abierto un camino para que nosotros podamos tener una relación con el Padre. Ese privilegio no se gana ni se merece, tampoco se lo puede comprar. Él lo proveyó gratuitamente para nosotros por medio del sacrificio de su propia sangre.

## EL SEÑOR OFRECE ALGO BENEFICIOSO *«el perdón de nuestros pecados»*

Estos jóvenes perdidos para la iglesia también buscan vivir libres de culpa. Insisto, nosotros, los que conocemos a Jesús somos los únicos que tenemos la respuesta a los deseos de sus corazones. Solo a través de Cristo podemos hallar el perdón de pecados por medio de nuestra confesión. Entonces, como promete el salmista: «Cuanto está lejos el oriente del occidente, hizo alejar de nosotros nuestras rebeliones» (Salmos 103.12). ¿Acaso no es motivo para alegrarnos que haya dicho el oriente del occidente en lugar de hablar del norte y el sur? El norte y el sur tienen extremos. Está el Polo Norte y el Polo Sur. Sin embargo, el oriente y el occidente no tienen fin. Dios hizo alejar de nosotros nuestro pecado para siempre.

# EL SEÑOR OFRECE ALGO
# CON PROPÓSITO

*«conforme a las riquezas de la gracia»*

Aquí encontramos la verdadera respuesta a la búsqueda de la prosperidad. Cristo no dijo *de* las riquezas, sino *conforme a* las riquezas. Permítame explicarle la diferencia. Si yo le diera un dólar, se lo estaría dando *de* mis riquezas. Pero si le entregara un cheque en blanco con mi firma para que usted lo use como quiera, se lo estaría dando *conforme a* mis riquezas. Dios nos ofrece su gracia *conforme a* su gran riqueza. Dios es rico en gracia y misericordia para con nosotros. «Porque ya conocéis la gracia de nuestro Señor Jesucristo, que por amor a vosotros se hizo pobre, siendo rico, para que vosotros con su pobreza fueseis enriquecidos» (2 Corintios 8.9).

¿Qué intento decirle en este capítulo? Que aquello que las personas creen que necesitan no es *algo* sino *alguien*. Y su dulce nombre es Cristo Jesús. Él tiene la respuesta para cada necesidad de cada corazón. Esas respuestas se hallan en él y solo en él.

Al memorizar este versículo, medite en cada una de estas cinco frases y pídale a Dios que supla las necesidades de su corazón en el punto exacto de sus necesidades personales. Después de todo, «en él… tenemos la redención… mediante su sangre… el perdón de nuestros pecados… conforme a las riquezas de la gracia».

# 29 JESÚS: ¿EL ÚNICO CAMINO?

*Jesús le dijo: Yo soy el camino, y la verdad, y la vida;*
*nadie viene al Padre, sino por mí.*

JUAN 14.6

$E$sta es la afirmación más exclusiva que haya salido de los labios de nuestro Señor. Enfáticamente declaró que él es el único camino a la vida eterna, la puerta a través de la cual todos debemos entrar. Sin él no hay un «camino», no hay una «verdad» absoluta y no hay «vida» eterna verdadera. Y como si esa declaración no fuera suficiente, Jesús continuó diciendo que no hay manera de llegar al Padre, sino a través de él. En un mundo donde proliferan las persuasiones pluralistas, surge la siguiente pregunta: ¿es Jesucristo realmente *el* único camino o es simplemente uno de los muchos caminos a la vida eterna?

Se ha observado en el pasado que a los líderes se los suele caracterizar por ciertos signos de puntuación. Algunos sostienen que los líderes deben ser caracterizados por el punto, que representa una orden, el imperativo: «Vaya allí o allá; haga esto o aquello». Algunos parecen pensar que un líder es alguien que solo sabe dar órdenes. Otros asumen que es el signo de exclamación el que debe caracterizar a los líderes, ya que simbolizan… ¡Entusiasmo! ¡Expectativa! ¡Optimismo! En otras palabras, esta es la habilidad para motivar a una multitud e infundir un aire de emoción entre los seguidores. Pero muy a menudo, son los signos de interrogación los que caracterizan a los verdaderos líderes. Como alguien ha dicho: «Ese signo está doblado en humildad».

El Señor siempre estaba haciendo preguntas. De hecho, los evangelios registran más de cien preguntas formuladas por él. Cierto día en Cesarea de Filipo, por ejemplo, Jesús llegó al corazón de su afirmación exclusiva al hacerles a sus seguidores dos preguntas muy pertinentes y penetrantes.

## LA PREGUNTA DE CONSENSO PÚBLICO

Jesús preguntó: «¿Quién dicen los hombres que es el Hijo del Hombre?» (Mateo 16.13). Esta es la pregunta de consenso público. Dicho de otro modo, ¿qué indican los datos de las encuestas? Muchas personas se abstienen de liderar y de tomar decisiones hasta tener el presentimiento de qué es lo que la gente quiere, no necesariamente lo que necesitan. Los discípulos acababan de llegar de varios días en Galilea, donde las multitudes se concentraban tanto en la costa como en las laderas para ver y oír al Señor Jesús. Habían estado inmersos en la multitud galilea. Tenían sus propios datos de encuestas. Así que Jesús inquirió sobre el consenso de la gente: ¿quién pensaban que él era realmente?

Muchos hoy parecen no ser capaces de salir de este versículo. Simplemente viven en un mundo que está mucho más interesado en lo que los hombres dicen que en lo que Dios afirma. Cuando nuestro Señor hizo esta pregunta, él estaba haciendo un sondeo, buscando abrir sus ojos. Las respuestas llegaron en una rápida sucesión: «Ellos dijeron: Unos, Juan el Bautista; otros, Elías; y otros, Jeremías, o alguno de los profetas» (Mateos 6.14). Por desdicha, las cosas no han cambiado demasiado. Aún vivimos en un mundo que parece estar mucho más interesado en lo que los hombres afirman acerca de Jesús que en lo que Dios dice.

## LA PREGUNTA DE CONVICCIÓN PERSONAL

Entonces el Señor se volvió más cercano y personal. Hizo otra pregunta: «Y vosotros, ¿quién decís que soy yo?» (Mateo 16.15). ¿Puede darse cuenta? Esta es la pregunta de convicción personal: «¿Qué hay de ti? Tú… y solo tú. Únicamente tú. Tú y nadie más. ¿Quién *dices* que soy yo?». Esta es la pregunta con ramificaciones eternas. Es la pregunta que todos y cada uno de nosotros debemos enfrentar. ¿Es Jesús quien dijo que fue: el camino, la verdad y la vida? ¿Es él el único camino al Padre y a la vida eterna?

¡Dios bendiga a Simón Pedro! A menudo, nos apresuramos a juzgar su temperamento explosivo y sus comentarios jactanciosos, sin mencionar su negación profética la noche en que el Señor más lo necesitaba. Pero aquí, en esta escena, Pedro fue inspirado por el Espíritu y, sin dudarlo, hizo una gran confesión: «Tú eres *el* Cristo, *el* Hijo del Dios viviente» (Mateo 16.16, énfasis añadido). ¿Qué motivó a Simón Pedro, que hizo esta confesión, a morir algo más tarde como un mártir crucificado cabeza abajo? Tras explicarles a sus ejecutores que no era digno de ser crucificado de la misma manera que su Maestro, Pedro hizo la extraña solicitud de ser ejecutado en la cruz cabeza abajo. ¿Cuál fue su motivación? ¿Acaso dio su vida por el pluralismo, por la idea de que hay muchos caminos al cielo? ¿Dio Pedro su vida por el inclusivismo, por la idea de que todos estarán tarde o temprano cubiertos por la expiación? ¡No! ¡Y mil veces, no! Pedro dio su vida porque insistió en que Cristo es el único camino para alcanzar la vida eterna.

La naturaleza misma de la verdad es estrecha. La verdad matemática es estrecha: dos más dos siempre es igual a cuatro, no a tres ni a cinco. Eso es bastante estrecho. La verdad científica es estrecha: el agua se congela a treinta y dos grados Fahrenheit, no a treinta y cuatro ni a treinta y cinco grados. La verdad geográfica es estrecha: vivo en Texas, y limitamos al norte con el río Rojo, no el río Sabina. La verdad histórica es estrecha: John Wilkes Booth le disparó a Abraham Lincoln en el teatro Ford en Washington, DC. Booth no apuñaló por la espalda a Lincoln en Bowery, en Lower Manhattan. Entonces, ¿por qué deberíamos sorprendernos de que la verdad teológica sea estrecha? Es la naturaleza de toda verdad. Jesús dijo: «Entrad por la puerta estrecha; porque ancha es la puerta, y espacioso el camino que lleva a la perdición, y muchos son los que entran por ella; porque estrecha es la puerta, y angosto el camino que lleva a la vida, y pocos son los que la hallan» (Mateo 7.13-14). Toda verdad es estrecha.

Jesús es el único camino a la casa del Padre. Ciertamente, él, y solo él, es «el camino, y la verdad, y la vida». ¡Y nadie llega a la casa del Padre, a menos que sea por medio de Jesús!

Al memorizar este versículo, medite en cómo Cristo es el camino… en cómo es la verdad… y en cómo es él la vida. No se interese más en lo que dicen los hombres que en lo que Dios dice. Él aún está preguntando: «¿Quién *decís* que soy yo?».

# 30 MANTENER LA VIDA ENFOCADA

*Hermanos, yo mismo no pretendo haberlo ya
alcanzado; pero una cosa hago: olvidando ciertamente
lo que queda atrás, y extendiéndome a lo que está
delante, prosigo a la meta, al premio del supremo
llamamiento de Dios en Cristo Jesús.*

FILIPENSES 3.13-14

*E*nfoque. Esa simple palabra posee la llave del éxito en tantas clases de esfuerzos que realizamos en la vida. Este era el principal interés de Pablo cuando nos desafió a «poned la mira en las cosas de arriba» en la carta a los colosenses (3.2). También era el centro de su mensaje a los filipenses cuando les dijo: «Pero una cosa hago».

La influyente compañía Federal Express, con sede en Memphis, Tennessee, alcanzó el protagonismo a nivel mundial simplemente al poner su enfoque en una cosa: envíos nocturnos. La aerolínea Southwest es hoy una de las líderes del país, principalmente debido a su único enfoque de brindar vuelos de bajo costo con un alto índice de puntualidad. Y quién podría hablar sobre el elemento de enfoque sin mencionar la cadena de cafés de Starbucks. Cuando todas las otras tiendas de café estaban ocupadas vendiendo todo tipo de servicios de alimentos, Starbucks simplemente diseñó tiendas de café con un solo enfoque, por sobre todas las cosas, ¡café!

El enfoque es fundamental tanto para el éxito espiritual como para el éxito empresarial. Mantener la mirada en las cosas principales en medio de una multitud de otras cosas es siempre un desafío para un seguidor del Señor Jesucristo. Uno de los elementos clave para el crecimiento espiritual es la habilidad para obtener y luego mantener el enfoque en la vida cristiana. Estar enfocados nos conducirá a hacer cuatro cosas.

## EL ENFOQUE PONDRÁ NUESTRAS PRIORIDADES EN ORDEN

Pablo dijo: «Una cosa hago» (Filipenses 3.13). No diez cosas, no cinco cosas, ni siquiera dos cosas. Sino «*una* cosa hago». El enfoque nos ayuda a poner nuestras prioridades en orden. Primero, usted define su objetivo, y luego este comienza a definirlo a usted.

## EL ENFOQUE NOS DARÁ UNA MENTALIDAD QUE MIRA HACIA ADELANTE

Muchos de nosotros hoy pasamos la mayor parte de nuestro tiempo mirando a nuestro alrededor o, peor aún, hacia atrás. Estar enfocados nos permite comenzar a mirar nuestro vaso medio lleno en vez de medio vacío. Nos da una mentalidad que mira hacia adelante. Pablo continuó diciendo que él estaba extendiéndose «a lo que está delante». El enfoque de Pablo lo guio a poseer una falta de memoria sabia acerca del pasado y le permitió asegurarse de que su alcance continuara más allá de sus límites.

## EL ENFOQUE NOS HACE IR UNA MILLA EXTRA

El enfoque trae una pasión por nuestro trabajo que infunde en nosotros un deseo por hacer lo que es requerido y más aun. Pablo dijo: «Prosigo». Esta palabra *proseguir* lleva implícita la idea de un esfuerzo intenso, como un ávido cazador que persigue su presa. Pablo proseguía porque tenía una meta; tenía «una cosa» como la prioridad principal en su vida.

## EL ENFOQUE NOS PERMITE SABER HACIA DÓNDE VAMOS

Uno de los activos más valiosos que el enfoque nos proporciona es la habilidad de conocer hacia dónde nos dirigimos. Pablo dijo que proseguía a «la meta». Esta palabra es una traducción del término griego *skopos*, de donde obtenemos la palabra inglesa *scope* [mira]. Como la mira de un rifle, estar enfocados nos permitirá tener nuestras metas y prioridades en el punto de mira. El enfoque nos permite saber hacia dónde vamos y cómo vamos a llegar allí. Mantiene nuestras prioridades en el blanco de nuestro objetivo.

El enfoque es la fuente de una vida exitosa. Nos ayuda a comenzar nuestra tarea con el final en mente. Entonces, ¿cuál es su meta en la vida cristiana? ¿Cuál es su punto de mira? Cuando comencemos a enfocarnos solo en Cristo, él pondrá nuestras prioridades en orden, nos dará el poder de extendernos hacia lo que está por delante, nos hará ir una milla más y nos permitirá ver claramente el final desde el principio.

Al memorizar el versículo de esta semana, medite en Cristo y solo en él. Póngalo en el punto de mira y haga esa «una cosa» que sabe hacer, para la gloria de su nombre. Manténgase enfocado al mantener a Cristo en el centro de su vida.

# 31 ¿APROBADO O AVERGONZADO?

*Procura con diligencia presentarte a Dios aprobado,*
*como obrero que no tiene de qué avergonzarse, que usa*
*bien la palabra de verdad.*

2 TIMOTEO 2.15

*U*na de las grandes tentaciones del creyente ocupado es dejar de estudiar la Biblia. Después de todo, a lo largo de muchos años de la vida cristiana, la mayoría de nosotros ha oído cientos de sermones, asistido a un sinfín de clases bíblicas, escuchado incontables discos y grabaciones, leído una biblioteca de libros cristianos y escuchado continuamente la radio cristiana. Y esto sin mencionar los innumerables sitios web con sermones e información cristiana al alcance de la mano. Los creyentes modernos tienen tantos recursos que se vuelve inevitable pasar la mayor parte de nuestro tiempo leyendo acerca de la Biblia y cada vez menos estudiando, sistemática y consistentemente, la Palabra de Dios en sí misma.

Pablo exhortó al joven Timoteo, y a nosotros, sobre este punto y dijo: «Procura con diligencia presentarte a Dios aprobado, como obrero que no tiene de qué avergonzarse, que usa bien la palabra de verdad». En este único versículo, encontramos cuatro verdades importantes que podemos poner en práctica en nuestros hábitos de estudio.

## EL MANDATO DEL CREYENTE

La versión Reina Valera Gómez traduce este mandato de «procura con diligencia» con la palabra *estudia*. Debemos ser diligentes y fervientes en cuanto a la tarea de estudiar la Palabra de Dios. Dado que más adelante en el versículo se hace referencia a «que usa bien la palabra de verdad», Pablo estaba desafiando a todos los creyentes a tomar muy seriamente sus hábitos de estudio personales. La Biblia es un libro milagroso en el cual el estudio personal nunca termina. El estudio bíblico es una tarea de por vida para el creyente comprometido. Es nuestra misión, nuestro mandato por parte de Dios.

## LA MOTIVACIÓN DEL CREYENTE

¿Qué es lo que debería motivar a los creyentes a estudiar las Escrituras de por vida? Es para que cuando nos presentemos delante del Señor Jesús seamos «aprobados» por él. La disciplina de estudiar es direccionada por Dios, y los creyentes deberían estar motivados por un deseo ferviente de agradar al Señor y de oírle decir: «Bien, buen siervo y fiel» (Mateo 25.21).

## LA ACTITUD DEL CREYENTE

¿Cuál es la actitud que debemos tomar frente a nuestra tarea de estudiar la Biblia? Debemos comportarnos como un obrero «que no tiene de qué avergonzarse». Estudiar es arduo. Realizar estudios de palabras es laborioso. Sacar nuestras herramientas de estudio como comentarios, diccionarios bíblicos y léxicos es una labor intensiva. Se nos recuerda que debemos equiparnos para «la obra del ministerio», como Pablo mencionó a los efesios (4.12). Los creyentes comprometidos deben ser obreros que se entreguen devotamente al estudio de la Palabra de Dios.

## EL MENSAJE DEL CREYENTE

Todo esto debe hacerse a fin de que podamos usar «bien la palabra de verdad». Debemos abordar la Biblia con una reverencia profunda, incluso con temor de malinterpretar o distorsionar la verdad de Dios. Debemos ser precavidos para no usar cada paráfrasis que pudiéramos encontrar con el propósito de tergiversar la verdad, para hacerla coincidir con nuestra propia manera de pensar sobre un asunto determinado. Debemos ocuparnos de usar *bien* la palabra de verdad». Esta es una misión importante. El mensaje del creyente debe estar siempre centrado y tomado de la santa Palabra de Dios.

Piense en esto: somos obreros de Dios. Seremos aprobados o avergonzados cuando nos presentemos delante de él. Este es nuestro supremo llamamiento y formidable misión: «Procura con diligencia presentarte a Dios aprobado, como obrero que no tiene de qué avergonzarse, que usa bien la palabra de verdad».

Al memorizar este versículo, haga a un lado todos los recursos y demás elementos de estudio, y medite solamente en la Palabra.

# 32     PATERNIDAD PRODUCTIVA

*Instruye al niño en su camino, y aun cuando fuere viejo no se apartará de él.*

PROVERBIOS 22.6

¿*C*uántos padres se han apoyado en este versículo durante los momentos difíciles con sus hijos o hijas rebeldes? No hay ninguna promesa aquí que diga que el niño nunca hará locuras. La promesa es que el niño finalmente regresará a casa, a la verdad conforme a la cual fue criado. Por supuesto, la palabra operativa en todo esto es la primera palabra del versículo: *instruye*. Esta promesa no es para todos los padres con hijos pródigos, sino para aquellos que «instruyeron» a sus hijos durante sus años de formación en la conducta apropiada, con una corrección positiva y con el consejo personal para guiarlo «en su camino».

No hay otro ejemplo más poderoso sobre esta verdad que la antigua y conocida historia del hijo pródigo que se encuentra en Lucas 15. La ironía del título de esta parábola es que Jesús contó toda esta historia sobre el padre, no sobre su hijo. Aquí hay un padre que parece quedar fuera del centro del escenario en el drama de sus dos hijos: uno en rebelión y el otro en autocompasión. Sin embargo, esta parábola familiar se trata realmente sobre el padre. La historia comienza: «Un hombre tenía dos hijos» (v. 11). El padre es el sujeto de la oración. Jesús puso al padre en el centro del escenario, no al hijo. Por tanto, enfoquémonos en el padre y aprendamos de él.

## EL PADRE EXTIENDE SU MANO Y DICE: *«Te suelto»* (Lucas 15.11-13)

Este padre era lo suficientemente sabio para saber que la manera de mantener a su hijo era abrir su mano y dejarlo ir. Era un padre que estaba preparado para apoyarse en las verdades que había derramado en ese niño desde su niñez. De hecho, he aquí la verdad de Proverbios 22.6 que se despliega ante nosotros. Algunos padres se aferran tanto a sus hijos que terminan perdiéndolos. Este padre era lo suficientemente sabio para saber que llegó un momento en que tenía que abrir su mano y dejar ir a su hijo. En cada generación, hay siempre hijos pródigos que escogen aprender las lecciones de la vida por las malas.

## EL PADRE ABRE SUS BRAZOS Y DICE: *«Te recibo»* (Lucas 15.20-24)

Cuando el muchacho «volviendo en sí» regresó a su casa, el padre lo vio «cuando aún estaba lejos» (Lucas 15.17, 20). El padre corrió a recibirle con sus brazos abiertos. No hubo acusaciones del tipo: «¿Dónde has estado?» o «¿Cómo pudiste hacerle esto a tu madre?». Solo extendió sus brazos. El hijo volvió *caminando*, pero el padre fue *corriendo* a su encuentro. No estamos hablando aquí sobre un muchacho que regresó a su hogar con el mismo espíritu de rebeldía que tenía cuando se marchó, y ahora solo está lamentándose de que lo hayan atrapado. Aquí estaba un hijo verdaderamente arrepentido. Y aquí vemos a un padre misericordioso que lo recibe con sus brazos abiertos.

## EL PADRE ABRE SU CORAZÓN Y DICE: *«Te restauro»* (Lucas 15.25-32)

Las características más notorias de este padre ejemplar son su presencia y su transparencia. Estuvo con sus hijos sin importar sus problemas. El regalo más valioso que les dio fue su presencia. Cuando las celebraciones y la fiesta de bienvenida estaban en su apogeo, ¿dónde estaba papá? Lo encontramos afuera sosteniendo al hermano mayor y asegurándole su amor y apoyo.

Todos deberíamos ser padres como este, un padre con una mano abierta y con la sabiduría suficiente para saber que la manera de perder a nuestros hijos es cuando los retenemos demasiado, y la manera de mantenerlos con nosotros es dejándolos ir cuando llega el tiempo. Necesitamos ser padres con brazos abiertos, siempre dispuestos a preparar un camino para los nuevos comienzos de nuestros hijos. Y necesitamos ser padres con corazones abiertos que sean tanto transparentes como alentadores.

El verdadero mensaje de la historia de Jesús es que nuestro Padre celestial nos trata de la misma manera en que este padre trató a su hijo pródigo. Dios nuestro Padre extiende sus *manos* hacia nosotros. No somos títeres; somos personas reales. Y el amor que de forma voluntaria le devolvemos es indescriptiblemente valioso para él. También nos encuentra con sus *brazos* abiertos. Y esos brazos jamás estuvieron tan abiertos como aquel día en la cruz. Por último, Dios nos muestra su *corazón* abierto, el cual fue expuesto en el Calvario para que todo el mundo pudiera ver, y él nos invita hoy a estar en sus brazos.

Henry Wadsworth Longfellow dijo que la parábola del hijo pródigo es la mejor historia corta jamás escrita, en la Biblia y fuera de ella. Esta parábola es un vívido retrato de la verdad bíblica más profunda: «Instruye al niño en su camino, y aun cuando fuere viejo no se apartará de él».

Al memorizar este versículo, medite en el corazón amoroso y perdonador de nuestro Señor y pídale que pueda poner un corazón similar dentro de usted. Abra sus manos, extienda sus brazos y abra su corazón esta semana para alcanzar a aquellas personas necesitadas y heridas que le rodean.

# 33 LA CLAVE DE JOSUÉ

*Nunca se apartará de tu boca este libro de la ley,*
*sino que de día y de noche meditarás en él, para que*
*guardes y hagas conforme a todo lo que en él está*
*escrito; porque entonces harás prosperar tu camino, y*
*todo te saldrá bien.*

JOSUÉ 1.8

¡Éxito no es una palabra tabú! La voluntad de Dios para nosotros, como su voluntad para Josué, es que todo nos «salga bien». Nehemías, el siervo fiel, regresó a Jerusalén para dirigir la reedificación de sus muros, y tenía esta promesa: «El Dios del cielo [te] concederá salir adelante» (Nehemías 2.20, NVI). Se dice de José: «El SEÑOR estaba con José y las cosas le salían muy bien» (Génesis 39.2, NVI). Y, aquí en la clave de Josué, se nos dice que si guardamos la Palabra de Dios en nuestras mentes y en nuestras bocas, de día y de noche, y la ponemos en práctica, todo nos «saldrá bien». Pero el Señor no define el éxito como el mundo lo hace. Para el creyente, el éxito puede definirse como la habilidad de hallar la voluntad de Dios para su vida… ¡y luego cumplirla!

Ahora bien, cuando los israelitas se encontraron a las orillas del Jordán después de cuarenta años de vagar por el desierto, el énfasis principal de Dios para sus vidas fue su

Palabra, este libro de la ley. Como se ve reflejado en este versículo, Josué incorpora tres cuestiones importantes.

## LA CLAVE DE JOSUÉ IMPLICA UNA PRÁCTICA CONSTANTE

El desafío es meditar en la Palabra de Dios «de día y de noche» y cumplirlo implica una práctica constante. Este versículo marca el nivel más alto en el discipulado. Nadie antes había sido instruido para recibir órdenes de Dios a través de las palabras de un libro. Abraham obedeció la voz de Dios cuando lo llamó a que saliera de Ur de los caldeos. Él no tenía una Biblia, tampoco tenía un libro. José recibió la revelación de Dios a través de sueños. Moisés oyó la voz de Dios hablándole a través de una zarza ardiente (Génesis 12.1, 4; 37.5-10; Éxodo 3.2, respectivamente).

Ahora, mientras Josué se encontraba a las puertas de la tierra prometida, Moisés estaba muerto. No obstante, Moisés le había dejado a Josué el libro de la ley que había recibido de Dios: Génesis, Éxodo, Levítico, Números y Deuteronomio. Por lo tanto, Josué fue el primer hombre en aprender la Palabra de Dios tal como la aprendemos nosotros: en las palabras de un libro. Josué debía guardarla en su boca y en su mente. El énfasis para Josué —y para nosotros— está puesto en hacer del estudio bíblico una práctica constante.

Debemos «meditar» en él. Es decir, debemos repetir una y otra vez la verdad de Dios en nuestras mentes para fijar su impresión en nosotros y establecerla en nuestros corazones. La palabra *meditar* indica que la Escritura debe ser como una melodía que no podemos quitar de nuestra mente, sino que penetra en nuestro proceso de pensamiento. Vivir conforme la clave de Josué implica una práctica constante.

## LA CLAVE DE JOSUÉ INCITA UN PROPÓSITO PLENO

¿Cuál es el propósito de guardar la Palabra en nuestra mente y en nuestra boca? Para que «hagas conforme a todo lo que en él está escrito». Al guardar la Palabra de Dios en nuestras mentes y al declararla con nuestras bocas, somos capacitados y empoderados para hacer lo que ella dice, y ponerla en práctica en nuestras vidas.

Leer la Biblia nos da conocimiento sobre Dios. Todos podemos leerla. El conocimiento es simplemente la acumulación de hechos. *Obedecer* la Biblia es lo que nos da el poder conocer de Dios. Muchos de nosotros obedecemos la Palabra... parcialmente. Parece que escogemos y elegimos según la ocasión qué es lo que vamos a obedecer y qué vamos a ignorar. Este llamado es para hacer «conforme a *todo* lo que en él [el libro de la ley] está escrito». Nuestro propósito pleno, a los ojos de Dios, es que vayamos más allá de simplemente leer y estudiar la Biblia, a un acto de obediencia al poner estas palabras en práctica en nuestra propia experiencia.

## LA CLAVE DE JOSUÉ INVOCA UNA PROMESA CONDICIONAL

Note la importancia de la palabra *entonces*. Cuando obedecemos la Palabra, *entonces* todo nos «saldrá bien». ¿Y cómo logramos esto? Por medio de la práctica constante de meditar en la Palabra de Dios y guardarla en nuestros corazones, permitiendo que impregne todo nuestro ser y que dirija los pensamientos de nuestras mentes que hablamos con nuestras bocas en momentos de necesidad. En el primer salmo, el salmista expresó que su delicia está en la ley de Jehová y «en su ley medita de día y de noche» (Salmos 1.2). De este modo, cumplimos el propósito de no ser simplemente oidores de la Palabra, sino también hacedores de la misma, al ponerla en práctica por medio de la obediencia personal.

He aquí el verdadero éxito en la vida: permanecer en la *Palabra* de Dios hasta hallar la *voluntad* de Dios, a fin de que podamos *andar* en los caminos de Dios. La Palabra. La voluntad. El andar. La clave de Josué nos invita a nutrirnos de la Biblia porque nos revela la voluntad de Dios para nuestras vidas. Y el éxito es la habilidad para descubrir cuál es la voluntad de Dios para nosotros… ¡y luego actuar en consecuencia! En las bodas de Caná, María, la madre de Jesús, nos da una de las lecciones más valiosas de la vida cuando dijo: «Haced todo lo que [Jesús] os dijere» (Juan 2.5).

Al memorizar este versículo, medite en el mismo y léalo las veces necesarias para poder poner la inflexión en cada una de las palabras que contiene… luego póngalo en práctica. ¿Y entonces? Todo le «saldrá bien».

# 34 LA SEGUNDA MILLA

*Y a cualquiera que te obligue a llevar carga por una
milla, ve con él dos.*

MATEO 5.41

❧❧❧❧❧❧❧❧❧❧❧❧❧❧❧

La frase *ir una segunda milla* se ha inculcado en nuestra
lengua vernácula moderna. Sus raíces se remontan a
la Palestina del siglo primero. Los romanos habían conquistado la mayor parte del mundo mediterráneo. Una de las
maravillas de su conquista fue un vasto sistema de autopistas
que habían construido para viajar hacia y desde los territorios
conquistados. Había más de cincuenta mil millas (ochenta
mil kilómetros) de esas carreteras en todo el imperio. En cada
una de las millas había un marcador de piedra. Estos marcadores indicaban direcciones, determinaban la distancia hasta
el próximo pueblo, como también la distancia hasta Roma, y
advertía de los posibles peligros que podrían surgir. De allí la
frase conocida: «Todos los caminos conducen a Roma».

Por ley, un ciudadano o soldado romano podía obligar a
cualquier sujeto de una de las tierras conquistadas a llevar su
mochila, o carga, por una milla, pero solo por una milla. A
menudo me he preguntado, si cuando Jesús predicó su Sermón del monte, insertó esta referencia sobre la segunda milla
porque vio un ejemplo práctico delante de él y de sus oidores.

Por tanto, dijo: «Y a cualquiera que te obligue a llevar carga por una milla, ve con él dos». ¿Puede imaginarse la sorpresa que esto debió haber ocasionado al llegar a los oídos de aquellos que estaban bajo la ocupación romana y que se encontraban escuchando su sermón? Jesús mandó a sus oidores a hacer lo que se les requería y un poco más.

¿Qué es lo que separa a unos de otros en atletismo o educación o administración o en las artes, o en cualquier otra disciplina? El impulso a hacer más de lo que se espera o requiere. La segunda milla es un secreto para tener éxito en la vida. Cuando se enfocan en la segunda milla, muchos olvidan que hay dos millas en juego aquí. La primera es una milla obligatoria; la segunda es una milagrosa.

## HAY UNA MILLA OBLIGATORIA MOTIVADA POR LA LEY

La primera milla suele ser ignorada. De hecho, no recuerdo haber oído ningún sermón ni leído ningún artículo acerca de la primera milla, solo sobre la segunda. La primera milla nos es requerida. Siempre es la más difícil. Pregúntele a un corredor de fondo. El segundo aliento nunca entra en acción en la primera milla. La verdad es que no es tan fácil disfrutar de las cosas que tenemos que hacer como lo es de las cosas que queremos hacer.

La vida cristiana tiene su propia milla obligatoria que es motivada por la ley de Dios. Cuesta empezar con la primera milla. Pregúntele a cualquier judío del primer siglo que viviera bajo el gobierno romano. La primera milla interrumpe sus planes cuando está obligado a realizarla. Tiene que tragarse su propio orgullo y llevar una carga extra. Del mismo modo, a veces la parte más difícil de la vida cristiana es empezar con la primera milla. Esto sucede con casi todo en la vida: con los programas de ejercicio, dietas y con tantas otras disciplinas. ¡Incluso con la memorización de las Escrituras! De hecho, muchos tratan de jugar a la pídola con Mateo 5.41. Es decir, quieren los beneficios de la segunda milla, pero no quieren encargarse de los requerimientos de la primera milla.

## HAY UNA MILLA MILAGROSA MOTIVADA POR EL AMOR

Es esta milla milagrosa la que separa a ciertos individuos de otros. La segunda milla únicamente es posible si somos obedientes a la primera. La segunda milla tiene el poder para hacer brillar nuestro propio camino. Piense en esto. Imagínese a un muchacho del primer siglo trabajando en su oficio. Un soldado romano se acerca, lo llama y le ordena que lleve su carga por una milla. Ahora bien, esta orden interrumpe todo el día del muchacho y lo aleja de su trabajo. Pero no tiene opción. No obstante, ese jovencito es de los que va una segunda milla. Se aproximan al marcador de la primera milla y en lugar de bajar la carga, escupir en el suelo y marcharse, se ofrece a ir una milla extra con el soldado. En el trayecto, amablemente pregunta sobre la vida en Roma. El soldado queda perplejo. Siempre me he preguntado si ese soldado romano, que dijo a los pies de la cruz: «Verdaderamente éste era Hijo de Dios», habría tenido una experiencia más temprano con un seguidor de Cristo que practicaba la segunda milla (Mateo 27.54).

El que decide viajar la milla milagrosa también tiene una manera de aligerar la carga de aquellos que le rodean. Nadie puede ir una milla extra sin influenciar a los demás. Solo hace falta una persona en un hogar que vaya una segunda milla para transformar todo el entorno. Solo hace falta alguien que vaya una segunda milla en un equipo o en la oficina para hacer lo mismo. La milla milagrosa, la segunda milla, es motivada por el amor de Cristo.

Por cierto, la segunda milla es aquella que el mismo Señor caminó. Él conoce muy bien el camino. La milla milagrosa hacia la cruz fue motivada por su amor. Él viajó la primera milla. Descendió del cielo y se hizo hombre. Caminó la milla obligatoria motivada por la ley. Cumplió con cada detalle de la ley. Pero también fue una milla extra, motivada por su propio amor hacia nosotros. Aquel que creó las estrellas con su palabra y formó el universo, aquel que nos formó y nos moldeó con sus propias manos dijo: «Porque te amo, caminaré contigo». Pero nosotros tomamos nuestro propio camino.

Entonces, dijo: «Iré una segunda milla». Eso lo llevó a la cruz, donde cargó con el peso, no de la carga de un soldado romano, sino de nuestros propios pecados. Y alguien se lo contó a alguien, y alguien se lo contó a alguien más, y alguien más se lo contó a Johnny Keeton, y Johnny Keeton me lo contó a mí cuando tenía diecisiete años de edad. No soy todo lo que debería ser, pero nunca he sido el mismo desde aquel día.

Al memorizar este versículo, medite de qué maneras usted puede ir hoy una segunda milla. Alegrará su camino y aligerará la carga de alguien más.

# 35 UN NUEVO COMIENZO

*No me ruegues que te deje, y me aparte de
ti; porque a dondequiera que tú fueres, iré
yo, y dondequiera que vivieres, viviré. Tu
pueblo será mi pueblo, y tu Dios mi Dios.*

RUT 1.16

Dios siempre es el Dios de las cosas nuevas. La Biblia
continuamente hace referencia al hecho de que
nunca es demasiado tarde para un nuevo comienzo. Dios
le dijo a Isaías: «He aquí que yo hago cosa nueva» (Isaías
43.19). A Ezequiel le dijo: «Y les daré un corazón, y un
espíritu nuevo pondré dentro de ellos» (Ezequiel 11.19).
El autor de Hebreos habló de «el camino nuevo y vivo»
(Hebreos 10.20). Y en Apocalipsis, Juan señaló: «Y el que
estaba sentado en el trono dijo: He aquí, yo hago nuevas
todas las cosas» (Apocalipsis 21.5).

Las palabras de nuestro texto hoy se han vuelto inmor-
tales. Cuando la hambruna llegó a Belén, Noemí, su esposo y sus dos hijos huyeron y se establecieron en Moab. A su
debido tiempo, sus hijos se casaron con mujeres moabitas.
Los moabitas eran una raza nacida del incesto y un pueblo que profesaba una religión falsa que era la antítesis de

su herencia judía. Más tarde, el esposo de Noemí falleció, al igual que sus hijos. Desamparada con sus dos nueras y al oír que ahora había pan en Belén, determinó volver a acogerse a la voluntad de Dios para su vida. Animó a las dos mujeres a que volvieran a su pueblo y a sus dioses. Orfa besó a Noemí y regresó, pero Rut se aferró a Noemí y le dijo: «No me ruegues que te deje, y me aparte de ti; porque a dondequiera que tú fueres, iré yo, y dondequiera que vivieres, viviré. Tu pueblo será mi pueblo, y tu Dios mi Dios». Estas palabras ahora familiares constituyen la fórmula para cuando se nos presentan cosas nuevas y nos aferramos a Cristo de la misma manera. Cuando una renovación personal llega a nuestro corazón, trae consigo varias cosas nuevas.

## LA RENOVACIÓN INTERIOR TRAE UNA NUEVA DETERMINACIÓN

Cuando Rut dijo: «No me ruegues que te deje», estaba declarando que aunque su cuñada Orfa había regresado ella, con una nueva determinación, se aferraría a Noemí. Su suegra se aseguró de que Rut supiera que el camino sería difícil. De regreso en Belén, el pasado y el futuro de Rut le jugarían en contra. Rut tomó su decisión cuando todos los factores estaban en su contra: la insistencia de Noemí para que se marchara, el ejemplo de Orfa y la religión de su niñez, para nombrar algunos. No obstante, Rut estaba determinada a hacer lo correcto y seguir a Noemí.

Cuando se nos presentan cosas nuevas, estas pueden traer una nueva determinación. Le decimos al Señor lo que Rut le dijo a Noemí: «No me ruegues que te deje y me aparte de ti».

## LA RENOVACIÓN INTERIOR
## TRAE UNA NUEVA DIRECCIÓN

Rut continuó: «Porque a dondequiera que tú fueres, iré yo». En otras palabras, estaba diciendo: «Esta será la dirección de mi vida». Nunca antes había andado por allí.

Una nueva dirección siempre es una señal reveladora de una renovación genuina. Comenzamos a interesarnos por las cosas en las cuales Jesús se interesaba. Como fue Rut con Noemí, así seremos con Cristo cuando un renovar personal llene nuestros corazones. Esta clase de relación trae una nueva determinación y una nueva dirección. Nos convertimos en seguidores de Cristo. Ciertamente, él hace nuevas todas las cosas cuando le decimos: «Porque a dondequiera que tú fueres, iré yo».

## LA RENOVACIÓN INTERIOR
## TRAE UNA NUEVA DEPENDENCIA

Después, Rut declaró: «Dondequiera que vivieres, viviré». Rut estaba declarando que confiaría en Noemí para que supliese sus necesidades básicas. Rut no tenía dónde pasar la noche. Sin embargo, su determinación infundió en Noemí una nueva dependencia de Dios.

Rut inculcaría esa dependencia en sus hijos y nietos. Posteriormente, en Belén, conocería y se casaría con Booz, el señor de la siega. Ellos tendrían un hijo llamado Obed, el cual tendría un hijo llamado Isaí, que a su vez engendraría un hijo llamado David —el pastor, el salmista, el rey—. Y David más tarde diría: «Joven fui, y he envejecido, y no he visto justo desamparado, ni su descendencia que mendigue pan»

(Salmos 37.25). Evidentemente, Rut les inculcó a sus hijos y a los hijos de sus hijos esa dependencia de Dios.

Rut sabía que su hogar estaba en medio de la voluntad de Dios. Cuando llega una renovación personal, la misma está acompañada de un nuevo grado de confianza en que el Señor suplirá nuestras necesidades básicas.

## LA RENOVACIÓN INTERIOR TRAE UN NUEVO DESEO

«Tu pueblo será mi pueblo» fue la siguiente declaración de Rut. Su insistencia en seguir a Noemí puso un nuevo deseo en Rut para aceptar al pueblo de Noemí como propio. En esencia, estaba diciendo: «No habrá nada que pueda separarnos». Rut se dio cuenta de que si aceptaba al Dios de la Biblia para que fuera su Dios, tendría que apartarse de la multitud impía de Moab entre la cual había vivido. Es imposible tener comunión con Dios y rehusarse a tener comunión con su pueblo.

Cuando comencé a seguir a Cristo siendo un joven, no me llevó mucho tiempo aprender que si iba a seguirle, tenía que llevarme bien con su pueblo. Amar al Señor es amar a su pueblo y poder tener comunión con ellos. Entre todas las cosas nuevas que él trae en este punto de nuestra salvación está el deseo nuevo de decirle: «Tu pueblo será mi pueblo».

## LA RENOVACIÓN INTERIOR TRAE UNA NUEVA DEVOCIÓN

Luego Rut le confesó a Noemí: «Tu Dios será mi Dios». Estaba diciéndole: «No solo tu pueblo será mi pueblo, sino que tu

Dios será mi Dios». Si desea ver una conversión en el Antiguo Testamento, aquí está. ¡Y qué gran decisión! El pasado de Rut estaba en su contra. Había sido criada en una familia pagana que adoraba a dioses falsos e inmorales. Su presente estaba en contra de ella. Con razón Noemí le rogó a Rut que regresara a su propio pueblo. Su propio futuro estaba en su contra. En Belén estaría exiliada de todo lo que había conocido.

Rut estaba renunciando a todo lo que conocía para seguir al Dios de Noemí y, sin embargo, todo lo que Rut conocía de ese Dios era sufrimiento y tristeza. Pero Rut también conocía a Noemí, y cuando la vio arrepentirse y decidida a tomar el camino correcto, Rut encontró no solo una nueva dirección y deseo, sino también una nueva devoción. La renovación personal trae una nueva devoción a nuestras vidas.

## LA RENOVACIÓN INTERIOR TRAE UNA NUEVA DEDICACIÓN

El versículo siguiente continúa: «Donde tú murieres, moriré yo, y allí seré sepultada» (Rut 1.17). Rut estaba diciendo que ni siquiera la muerte podría separarla de Noemí. Rut no iba a regresar, aunque las cosas no resultaran como esperaba.

Necesitamos la misma dedicación en cuanto a seguir a Cristo, lo que nos cuesta la vida. Rut algún día moriría, como moriremos todos. Pero primero se casaría con Booz, y hoy vive en la historia y en el cielo como un ejemplo para todos nosotros.

La mayoría de nosotros conoce bien la historia. Rut se fue con Noemí. Se convirtió en la esposa de Booz, un terrateniente rico. Tuvo una vida hermosa, totalmente separada de su vieja existencia. ¡Todo el curso de su vida fue determinado por otra persona! Qué imagen tan maravillosa cuando de verdad le decimos a Cristo lo que Rut le dijo a Noemí: «Dondequiera que tú fueres, iré yo, y dondequiera que vivieres, viviré. Tu pueblo será mi pueblo, y tu Dios mi Dios». En verdad, él tiene una manera de hacer «nuevas todas las cosas» (Apocalipsis 21.5).

Al memorizar este versículo, medite en cuántas cosas nuevas Cristo ha hecho en usted.

# 36 VOLVER A LOS CIMIENTOS

*Pero recibiréis poder, cuando haya venido sobre*
*vosotros el Espíritu Santo, y me seréis testigos en*
*Jerusalén, en toda Judea, en Samaria, y hasta lo*
*último de la tierra.*

HECHOS 1.8

*U*na vez, el legendario entrenador de fútbol americano Vince Lombardi y su equipo Green Bay Packers perdieron un partido que debían haber ganado cómodamente. Sin embargo, las torpezas y los errores tontos al jugar condujeron al equipo a una derrota inesperada. Al día siguiente, en el entrenamiento, Lombardi reunió a su equipo. Metió la mano dentro de su bolso y sacó un balón de fútbol. Luego, dijo: «Esto, caballeros, es un balón de fútbol». Era, en su sentido más desafiante, una declaración de que era tiempo de volver a los cimientos.

Cuando Cristo estaba pronto a dejar a su equipo y regresar al cielo, les dejó —y nos dejó— el desafío de ser sus testigos no solo en casa, sino hasta lo último de la tierra. Algunos días antes, en un monte en Galilea, nos había dejado la Gran Comisión: «Toda potestad me es dada en el cielo y en la tierra. Por tanto, id, y haced discípulos a todas las naciones, bautizándolos en el nombre del Padre, y del Hijo, y del

Espíritu Santo; enseñándoles que guarden todas las cosas que os he mandado; y he aquí yo estoy con vosotros todos los días, hasta el fin del mundo» (Mateo 28.18-20). Su comisión para nosotros fue explícita: debemos hacer discípulos al guiar a las personas a Cristo. Debemos bautizar a estos nuevos discípulos. Y luego debemos hacerlos madurar «enseñándoles que guarden» todas las cosas que Cristo nos ha mandado.

Antes de su ascensión al cielo, Jesús se paró en otro monte en Judea. Allí reforzó esta Gran Comisión al exhortar a ese pequeño grupo a que anunciaran sus buenas nuevas a todas las naciones, no simplemente a unos pocos lugareños. Un principio básico de la fe cristiana es que todos debemos ser sus testigos en un mundo perdido y agonizante. El llamado a evangelizar, a difundir las buenas nuevas de Cristo, constituye uno de los llamados fundamentales del Nuevo Testamento. Dado que las últimas palabras de quienes nos dejan son siempre intrigantes e importantes, analicemos este desafío de despedida de los labios del Señor y busquemos aplicarlo a nuestras vidas.

## EL *QUIÉN* DE LA EVANGELIZACIÓN

«Pero… me *seréis* testigos». Jesús nos da a todos este mandato de llevar el evangelio a todo el mundo. Dos versículos más adelante, los discípulos habían tratado de desviar el tema al hacerle preguntas a Jesús acerca del momento en que regresaría y restauraría el reino. Pero Jesús no dijo: «Ustedes serán mis organizadores de agenda o los que guarden registro de mis fechas, sino mis testigos, ¡todos ustedes!». Ninguno de nosotros está exento de este elemento fundamental de la vida cristiana: publicar las buenas nuevas.

# EL *QUÉ* DE LA EVANGELIZACIÓN

¿Qué recibirá? ¡Poder! Hay una gran necesidad de poder en los creyentes de hoy en día. Todos necesitamos poder para vivir la vida cristiana. Quizás la mayor diferencia entre la iglesia del siglo primero y la del siglo veintiuno se resume en dos palabras: *influencia* y *poder*. Hoy nos enorgullecemos de nuestra influencia. Buscamos influenciar de varias maneras la cultura en decadencia a nuestro alrededor. Sin embargo, la iglesia primitiva ni siquiera tenía la influencia suficiente para liberar de la cárcel a su líder Simón Pedro. Carecían de total influencia ante las autoridades civiles y legales. ¡Pero la noticia más importante es que tenían el poder suficiente para orar por su excarcelación!

La palabra que Jesús usó para *poder* es un término del cual obtenemos la palabra *dinamita*. Necesitamos este poder para ser sus testigos. El libro de Hechos es la historia de un grupo de hombres y mujeres como usted y como yo que, a pesar de la intolerancia y los prejuicios de un mundo gobernado por los romanos, salieron de un pequeño aposento alto para contar la historia de un judío ejecutado públicamente. Hicieron tanto con tan poco. ¿Cómo? Tenían dinamita en su naturaleza. Habían recibido el poder de lo alto.

## EL CUÁNDO DE LA EVANGELIZACIÓN

¿Cuándo fue que este poder descendió sobre el grupo de creyentes? Cuando el Espíritu Santo vino sobre ellos. No existe cosa tal como un cristiano sin poder. Cuando recibe a Cristo, recibe también al Espíritu Santo, que viene a morar en usted. Por tanto, usted tiene poder.

En los primeros años de nuestra vida de casados, Susie y yo teníamos un Chevrolet nuevo. Bueno, no era precisamente nuevo, pero era nuevo para nosotros. Una mañana, salí a la entrada de la casa, me subí al coche y giré la llave; el motor no encendía. Al abrir el capó, descubrí que durante la noche alguien había robado la batería de nuestro coche. Ese hermoso auto quedó inutilizable. No podía transportarme a ningún lado sin una batería que lo impulsara. Pienso en ese vehículo cuando leo este versículo. Muchos miembros de la iglesia se arreglan y están listos para salir y evangelizar, pero nunca parecen empezar. ¿Por qué? Necesitamos un poder que esté fuera de nosotros para impulsarnos.

## EL *PORQUÉ* DE LA EVANGELIZACIÓN

El Espíritu Santo nos faculta para ser testigos. Por esta misma razón tenemos poder, para que le seamos testigos. No debería haber ningún cristiano que no sea un testigo. Si somos salvos, tenemos a Cristo. Si tenemos a Cristo, tenemos al Espíritu Santo. Si tenemos al Espíritu Santo, tenemos poder. Y si tenemos poder, seremos testigos de Jesús.

El Señor no llamó a ninguno de nosotros para que seamos jueces y condenar a aquellos a nuestro alrededor. No nos llamó a que seamos acusadores, para buscar culpables. No nos llamó a que seamos el abogado defensor, que busca encontrar lagunas legales para que otros puedan eludir la ley. No nos llamó para ser el jurado, para sopesar toda clase de prueba a favor y en contra de alguien más. Nos llamó para sencillamente contarles a otros lo que hemos visto y oído por experiencia propia. En otras palabras, ser sus testigos. No somos reclutadores para tratar de conseguir que las personas se unan a nuestro club. No somos vendedores que tratan de persuadir a otros para comprar nuestro producto. Simplemente debemos ser testigos de Jesús.

La gente se maravilla de que Dios haya encomendado su santo evangelio a hombres y mujeres tan comunes, carentes de capacitación formal. Eran verdaderos testigos. Casualmente, la palabra traducida como «testigo» es la misma de la cual deriva el término *mártir*. Estos primeros creyentes fueron testigos (mártires) en un sentido literal. Muchos de ellos perdieron sus vidas por ser testigos inquebrantables de Cristo.

## EL *DÓNDE* DE LA EVANGELIZACIÓN

Jesús nos mandó a publicar sus buenas nuevas en nuestra ciudad, en nuestro país, en nuestro continente y, sí, en todo el universo. Eso implica una participación total: todos nosotros debemos ser testigos. Y un alcance total: debemos ir «hasta lo último de la tierra». El evangelio nunca encontrará su destino final hasta que se haya compartido con cada persona del planeta.

En treinta cortos años, esos primeros creyentes cumplieron con Hechos 1.8. ¿Cómo? Fueron empoderados por el Espíritu Santo y, con unidad de propósito, fueron testigos de su gracia salvadora en Jerusalén (Hechos 1—8), en Judea y Samaria (Hechos 9—12) y hasta lo último de su mundo (Hechos 13—28). No jugaron a evadir esta Gran Comisión.

No dejaron pasar cientos de oportunidades para evangelizar en su propia ciudad, a fin de ir hasta lo último de la tierra. Comenzaron por casa, en Jerusalén.

El evangelio de Cristo consiste en introducirse en todo el mundo hasta que cada religión sea confrontada, cada error sea expuesto y todos reciban un testimonio. Es una tarea enorme. Pero piense en esos primeros creyentes. Su misión parecía geográficamente imposible: la mayoría de las personas aún creían que el mundo era plano. Su misión aparentaba ser físicamente imposible. No tenían transporte aéreo, radio, televisión, máquinas de imprimir, Internet ni ninguno de los medios modernos a su disposición para comunicar el evangelio. Parecía legalmente imposible: las autoridades gubernamentales habían prohibido hablar en el nombre de Jesús. Y parecía socialmente irrealizable; después de todo, ¿quién realmente escucharía a esos galileos incompetentes, tan carentes de clase y educación? No obstante, la gente sí los escuchaba. Eran testigos por medio del poder del Espíritu Santo. Hicieron tanto con tan poco, mientras que nosotros hacemos tan poco con tanto. Ha llegado el tiempo de que la iglesia moderna vuelva a los cimientos, de seguir el ejemplo de los primeros creyentes y cumplir con Hechos 1.8 también en nuestra época.

Al memorizar este versículo, medite en el poder asombroso que reside dentro de cada uno de los que hemos puesto nuestra fe y confianza en Cristo Jesús. También nos haría bien memorizar la Gran Comisión (Mateo 28.19-20). Luego, vuelva al fundamento de ser testigo de Jesús al hacer discípulos, bautizándolos y enseñándoles que guarden todo lo que él ha mandado.

# 37 BUENAS NOTICIAS Y MALAS NOTICIAS

*Porque la paga del pecado es muerte, mas la dádiva de*
*Dios es vida eterna en Cristo Jesús Señor nuestro.*

ROMANOS 6.23

*E*n la cultura moderna abundan los chistes de malas y buenas noticias. Por ejemplo, hay uno sobre un pastor que se puso de pie un domingo y declaró: «La buena noticia es que tenemos suficiente dinero esta mañana para cancelar la deuda de la iglesia y construir nuestro nuevo edificio». Luego, agregó: «¡Pero la mala noticia es que el dinero todavía está en sus bolsillos!». O hay otro en el que el moderador de la iglesia dijo: «La buena noticia es que los diáconos han votado para enviarle una tarjeta de buenos deseos para nuestro pastor enfermo. Sin embargo, ¡la mala noticia es que la votación resultó en 31-30!».

Cuando leemos Romanos 6.23, uno de los versículos más informativos e inspiradores de la Biblia, encontramos buenas y malas noticias. La mala noticia es que «la paga del pecado es muerte». Pero la buena noticia es que «la dádiva de Dios es vida eterna en Cristo Jesús Señor nuestro».

# LA MALA NOTICIA

En este versículo encontramos una mala noticia: «la paga del pecado es muerte». La palabra griega para *pecado* se entiende mejor como «errar el blanco». Esto puede ilustrarse con un arquero que lanza su flecha hacia el objetivo y erra el blanco. Todos nos incluimos en «por cuanto todos pecaron, y están destituidos de la gloria de Dios» (Romanos 3.23). Todos hemos errado el blanco, y la mala noticia es que el costo, o la paga, es muerte.

La paga es aquello que obtenemos por hacer algo. Trabajamos un determinado número de horas, por las que nuestro empleador nos paga un salario previamente acordado. Es algo que nos hemos ganado, algo que merecemos. Es algo que esperamos. La Biblia dice: «La paga del pecado es muerte». Es curioso ver cómo tantos hombres y mujeres pecan, creyendo que ello va a pagar dividendos por diversión y placer. Pero Satanás es un mentiroso. El pecado tiene su paga, es cierto, pero su paga es muerte, la cual es separación de todo lo que es bueno.

El día de paga pronto llegará. Esa es la mala noticia. Si erramos el blanco, nos costará en gran manera.

# LA BUENA NOTICIA

Sin embargo, la buena noticia es esta: «La dádiva de Dios es vida eterna en Cristo Jesús Señor nuestro». Es una dádiva, una dádiva gratuita que no puede ganarse ni merecerse. Todos recordamos la emoción de abrir los regalos alrededor del árbol de Navidad cuando éramos niños. No teníamos que pagar por esos regalos. Tampoco hacíamos nada para merecerlos.

Simplemente los recibíamos y los abríamos. La dádiva es lo opuesto a la paga. Ganamos y merecemos nuestra paga. Pero no nos ganamos ni merecemos una dádiva. Si lo hiciéramos, sería una recompensa en lugar de una dádiva.

¿Cómo es todo esto posible? Aún tenemos que hacer frente a las malas noticias. Jesús proveyó una manera para tratar con la mala noticia. Hace dos mil años en una cruz romana a las afueras de las murallas de la ciudad de Jerusalén, Jesús tomó las malas noticias y se hizo pecado por nosotros. Ciertamente, la paga del pecado es muerte, y Cristo sufrió nuestra muerte en la cruz, pagando la pena por nuestros pecados. Él pagó el precio, a fin de que podamos terminar el versículo con esta buena noticia: «La dádiva de Dios es vida eterna en Cristo Jesús Señor nuestro». Él preparó un camino donde no lo había. Nuestra parte es recibir esa dádiva gratuita dada por Dios por medio de la fe en él.

Qué gran diferencia hay entre estas dos noticias. La mala es que el pecado es costoso y tiene su paga. La buena es que la vida eterna es gratuita. Es la dádiva de Dios para nosotros. ¡Y eso no es broma!

Al memorizar este versículo, medite en el precio increíble que Jesús pagó por su pecado. Cuando éramos tan poco merecedores, él abrió un camino para que recibiéramos el mayor de los regalos jamás dado: «Vida eterna en Cristo Jesús Señor nuestro».

# 38 CÓMO VENCER EL TEMOR A LA MUERTE

*Aunque ande en valle de sombra de muerte,*
*No temeré mal alguno, porque tú estarás conmigo;*
*Tu vara y tu cayado me infundirán aliento.*

SALMOS 23.4

La muerte es el único común denominador de todos los hombres. Vemos este hecho ilustrado cada mañana en el periódico matutino. La sección de negocios del periódico destaca solo a aquellos que son exitosos en su labor. La sección social contiene fotografías e historias únicamente relacionadas con la elite social. La sección deportiva está llena de artículos sobre aquellos equipos e individuos que se destacan en el campo atlético. Luego llegamos a la sección de obituarios. Allí, de lado a lado en orden alfabético, aparecen ricos y pobres, conocidos y desconocidos, los prominentes y los no tan prominentes. Todos somos iguales ante la muerte. Es nuestro común denominador.

Hoy muchas voces nos dicen cómo vivir. Los libros motivacionales y de autoayuda inundan el mercado. Pero hay solo un libro que nos dice cómo morir. Y no hay otro versículo en ese Libro de libros que sea más pertinente sobre este tema que el versículo que estudiaremos hoy. La tradición nos cuenta que el rey David escribió estas palabras en el «valle de sombra» mientras se encontraba sentado en el desierto de Judea entre Jerusalén y Jericó. Este lugar hoy se lo conoce como Wadi Qelt. Es un valle grande de aproximadamente cuatro millas y media (siete kilómetros) de largo, y sus cañones llegan a más de mil quinientos pies (cuatrocientos cincuenta metros) de profundidad. El sol proyecta una sombra sobre el cañón a lo largo del sendero, el cual serpentea de arriba a abajo y a través del terreno escarpado. Fue allí donde David dijo: «Aunque ande en valle de sombra de muerte». Solo este verso revela tres hechos significativos sobre el destino que nos espera a cada uno de nosotros.

## PRIMER HECHO: LA MUERTE ES SEGURA

La muerte es un hecho seguro. No cabe duda. Abordamos la muerte de muchas maneras. Unos intentan huir de ella. Otros llegan hasta el extremo de congelar sus cuerpos con la esperanza de que futuros avances médicos puedan regresarlos a la vida en algún momento posterior. Aun otros se olvidan de ella. Simplemente rechazan la idea, asumiendo que de esa forma se irá. Otros le temen, por lo que tienen vidas paralizadas sin esperanza ni seguridad en Cristo. Luego existen aquellos, como David, que enfrentan la muerte. Estas personas se dan cuenta de que sus días están contados, y que todos tendremos una cita con la muerte.

Observe cuidadosamente las palabras de David: «Aunque *ande* en valle de sombra de muerte». Él anduvo. No corrió hacia la muerte. Este es el rey David, no el doctor Kevorkian.

No fue a gatas, como si quisiera posponerla el mayor tiempo posible. Tampoco se arrastró hacia ella. Simplemente, anduvo. Sabía que la muerte era inevitable; es un hecho seguro.

## SEGUNDO HECHO: LA MUERTE ES UN PASAJE TEMPORAL

David indicó que caminó *a través* del valle. No era su destino final, solo un pasaje temporal, una estadía. Sabía que este camino no era un callejón sin salida, que no lo llevaría a ninguna parte. Para David, y para nosotros, la muerte es simplemente un pasaje temporal. No permanecemos en el valle, sino que caminamos *a través* de él.

Se cuenta la historia de una oruga que se arrastraba por una rama sobre su vientre. En aquel momento, viene un amigo con una visión filosófica y le dice: «Creo que algún día ya no nos arrastraremos así, sino que seremos capaces de volar y dar un banquete de leche y miel». *Qué idealista*, pensó la oruga. Sin embargo, llegó el día de su cita inevitable con la muerte. Así que fue sepultada con una mortaja llamada capullo, sujetada a una rama de un árbol. Con el tiempo, cuando llegó la primavera, el sepulcro se abrió, y de allí emergió una criatura magnífica con unas velas delicadas llamadas alas de mariposa. Por nuestro intelecto superior, sabemos que este es el proceso de metamorfosis. Pero ¿acaso conocemos tanto acerca de nuestro propio destino? La muerte es un hecho seguro, pero también es solo un pasaje temporal. No es nuestro destino final.

# TERCER HECHO: LA MUERTE ES UNA SOMBRA

Salomón nos recordó en Proverbios que «toda palabra de Dios es limpia» (30.5). Note cuidadosamente que David dijo: «Aunque ande en valle de sombra de muerte». Ningún creyente en Cristo anda en el valle de la muerte, solo en el valle de *sombra* de muerte. No obstante, el Señor Jesús sí caminó en el valle de la muerte. Durante tres días y tres noches caminó por ese valle, y luego se levantó de la tumba vacía y dijo: «Y tengo las llaves de la muerte y del Hades» (Apocalipsis 1.18).

De este modo, el creyente solamente anda en el valle de *sombra* de muerte. Una sombra puede atemorizarlo, pero no le dañará. Y la única manera en que puede haber una sombra es tener brillando una luz mayor. David dijo que anduvo «en valle de sombra de muerte» porque es lo que hacemos con una sombra; simplemente caminamos a través de ella.

Aun cuando la muerte es un hecho seguro, es solo un pasaje temporal a través de una sombra. Es, en cierto sentido, dar un paso hacia la luz. Jesús dijo: «Yo soy la luz del mundo; el que me sigue, no andará en tinieblas, sino que tendrá la luz de la vida» (Juan 8.12).

¿Es de extrañar que David continuara este versículo diciendo: «No temeré mal alguno»? Él sabía que la muerte sería vencida; que si bien era un hecho seguro, era solo un pasaje temporal hacia la luz a través de una sombra. David no temía mal alguno porque sabía que el Señor estaba con él: «No temeré mal alguno, porque tú estarás conmigo». Hasta ahora en este gran salmo 23, David había estado hablando en tercera persona: «me hará… me pastoreará… confortará». Pero cuando llega al tema de la muerte, David se vuelve más personal. De pronto, en el versículo 4, cambia a segunda persona: «Tú estarás conmigo… tu vara… tu cayado… aderezas… unges». La muerte tiene su propia manera de hacer que Cristo sea más personal.

Por eso, tampoco nosotros debemos temer mal alguno. ¿Por qué? Porque el Señor está con nosotros, y ha conquistado la muerte, el infierno y la tumba. El apóstol Juan pudo vislumbrar la gloria de Jesús desde la solitaria isla de Patmos, donde se encontraba exiliado. Al ver la visión del Cristo exaltado, Juan formó la mejor descripción que pudo utilizando nuestro vocabulario limitado y dijo: «Cuando le vi, caí como muerto a sus pies. Y él puso su diestra sobre mí, diciéndome: No temas; yo soy el primero y el último; y el que vivo, y estuve muerto; mas he aquí que vivo por los siglos de los siglos, amén. Y tengo las llaves de la muerte y del Hades» (Apocalipsis 1.17-18). Ciertamente, «aunque ande en valle de sombra de muerte, no temeré mal alguno, *porque tú estarás conmigo*».

Al memorizar este versículo, medite en que, a través de su propia muerte y resurrección, el Señor Jesús abrió un camino para nosotros donde no lo había. No debemos tenerle miedo a la muerte. Solo andamos en valle de sombra de muerte… ¡y Jesús está con nosotros!

# 39 UNA FE QUE OBRA

*Porque como el cuerpo sin espíritu está muerto, así también la fe sin obras está muerta.*

SANTIAGO 2.26

Siempre ha existido una controversia en los círculos eclesiásticos sobre la naturaleza de nuestra salvación. La gente tiende a sentirse atraída hacia uno de esos dos puntos de vista extremos. Uno de ellos enfatiza la fe mientras que deja de lado las obras; el otro pone demasiado énfasis en las obras, pero deja de lado la fe. Al primero se lo conoce como «creencia fácil». Quienes defienden este punto de vista creen que uno puede simplemente hacer la «oración del pecador» sin realizar ningún cambio en su estilo de vida, sin orar ni estudiar la Biblia, ni tener ningún deseo por las cosas espirituales y aun así ser salvos porque «hizo la oración». El último se refiere a una «salvación por obras». Los defensores de este enfoque parece que creen que uno puede ganarse la salvación por medio de las buenas obras.

Este conflicto entre la fe y las obras es tan antiguo como la iglesia misma. El origen de este argumento se basa en el segundo capítulo de Santiago y en particular aquí en Santiago 2.26: «La fe sin obras está muerta». A través de las Escrituras, el énfasis está puesto en el hecho de que la salvación es completamente por gracia por medio de la fe en Cristo Jesús y «no por obras, para que nadie se gloríe» (Efesios 2.9). Sin embargo, la Biblia también enseña que la verdadera fe salvadora siempre va acompañada por frutos, los cuales resultarán en buenas obras.

Santiago reveló que una fe sin fruto es una fe falsa (Santiago 2.14-17), una fe vana (vv. 18-19) y una fe fatal (vv. 20-26). Muchos malinterpretan el mensaje de Santiago. Él no se refería a una fe *con* obras, sino a una fe *que* obra. Y existe una diferencia abismal entre las dos.

El conocido reformador Martín Lutero se frustró tanto a raíz de este conflicto que llegó a referirse a la epístola de Santiago como «una epístola de paja». Pero, de nuevo, no se trata de una fe *con* obras, ¡sino de una fe *que* obra!

A primera vista, algunos consideran que el mensaje de Pablo y el de Santiago están en diametral oposición. Por ejemplo, Santiago preguntó: «¿No fue justificado por las obras Abraham nuestro padre, cuando ofreció a su hijo Isaac sobre el altar?» (Santiago 2.21). Pablo contrargumentó: «Porque si Abraham fue justificado por las obras, tiene de qué gloriarse, pero no para con Dios. Porque ¿qué dice la Escritura? Creyó Abraham a Dios, y le fue contado por justicia» (Romanos 4.2-3). Sin embargo, en realidad, no se contradicen entre sí; de hecho, se complementan.

## LA FE Y LAS OBRAS SEGÚN SANTIAGO

Algunos han acusado a Santiago de intentar responderle a Pablo en este pasaje. Dado que Santiago escribió esta carta en el año 48 A. D. y Pablo no escribió la carta a los romanos hasta por lo menos el año 58 A. D., esta teoría carece de fundamento. Santiago y Pablo abordaron la misma cuestión desde diferentes perspectivas. Pablo les escribía a los judaizantes, que sostenían que uno tenía que agregar obras de la ley a la fe a fin de recibir la salvación. Por lo tanto, puso su énfasis solo en la fe como el fundamento para obtener la salvación. Pablo estaba defendiendo la primacía de la fe. Santiago, por otro lado, se dirigía a las personas que se fueron al otro extremo. Estos sostenían tener fe pero, en realidad, solo tenían un consentimiento intelectual. Por consiguiente, su énfasis estaba puesto en lo que Jesús llamó el «fruto» de nuestra fe. Santiago estaba simplemente defendiendo la evidencia de la fe.

## LA FE Y LAS OBRAS
## SEGÚN PABLO

Pablo constantemente enfatizaba que nadie puede entrar en el reino de Dios excepto por la fe y solo por la fe. Santiago estaba de acuerdo con él. Comenzó esta carta diciendo: «Por su propia voluntad [Dios] nos hizo nacer mediante la palabra de verdad» (Santiago 1.18, NVI). Aquí, en el segundo capítulo, Santiago estaba sencillamente reforzando el punto de que las buenas obras son la respuesta natural de una verdadera fe salvadora. No estaba diciendo que las obras son un requisito *para* ser salvos, sino que son el resultado *de* nuestra salvación.

«Porque como el cuerpo sin espíritu está muerto, así también la fe sin obras está muerta». Aquí no se trata de una fe *con* obras, sino de una fe *que* obra. Pablo nos recordó que «somos hechura suya, *creados* en Cristo Jesús *para buenas obras*, las cuales Dios preparó de antemano para que anduviésemos en ellas» (Efesios 2.10, énfasis añadido). Somos salvos solo por la fe, pero la fe que salva nunca está sola.

Al memorizar este versículo, medite en la relación que hay entre la fe y las obras. Y recuerde que es una fe *que* obra la que agrada a Dios.

# 40 AMOR SUPREMO

*Mas Dios muestra su amor para con nosotros, en que siendo aún pecadores, Cristo murió por nosotros.*

ROMANOS 5.8

*E*ra un pastor joven en una fría tarde de invierno. La nieve y el hielo cubrían el cementerio azotado por el viento mientras estaba parado junto a una pareja joven delante de la tumba abierta de su bebé recién nacido. Lloramos y oramos, leí la Escritura, dije algunas palabras de consuelo y nos marchamos. Regresé a casa esa tarde y no podía quitar de mi mente a aquellos padres devastados. También regresaron a su hogar esa misma tarde y comenzaron a desarmar la cuna donde ese pequeño paquete de amor había dormido durante las últimas semanas. De manera impulsiva, me dirigí al cuarto de nuestra hija primogénita, la levanté y me senté en el estudio. Me preguntaba cómo me habría sentido si hubiera sido ese otro papá joven que estaba en su casa a unas pocas cuadras de distancia. ¿Y si Dios me hubiera quitado a mi hija? Después de todo, solo tenía algunos días de vida y, en ese momento, no me conocía más de lo que conocía a mi vecino. Llegué a la conclusión de que lo que más me habría molestado era que ella nunca habría sabido, en esta vida, cuánto la amaba su padre y cuánto estaba dispuesto a dar su vida por ella.

Y esto es lo trágico de vivir sin Cristo. Aquellos que no conocen a Cristo nunca podrán saber cuánto los ama el Padre. Nuestro Dios mostró su amor cuando menos nos lo merecíamos. Él nos dio a su Hijo unigénito que «murió por nosotros». Con razón la Biblia dice: «Nadie tiene mayor amor que este, que uno ponga su vida por sus amigos» (Juan 15.13).

## LA MANIFESTACIÓN DEL AMOR DE DIOS

Dios mostró su amor para con nosotros. ¿Cómo? No fue al escribir su amor en letras flameantes a lo largo del cielo ni al hacer sonar su fuerte voz desde el cielo para expresar su amor. La Biblia dice: «Pero cuando vino el cumplimiento del tiempo, Dios envió a su Hijo, nacido de mujer y nacido bajo la ley» (Gálatas 4.4). Jesús no fue una clase de acción correctiva, una férula de último minuto para un mundo quebrantado cuando todo lo demás había fallado. La preparación que Dios ha hecho fue sorprendente. Levantó una nación griega que llevó su idioma por todo el mundo conocido, a fin de que el evangelio pudiera difundirse sin una barrera idiomática. Levantó un imperio romano que construyó un sistema de carreteras de cincuenta mil millas (ochenta mil kilómetros) a lo largo del mundo, para que el evangelio pudiera circular de país a país. Ciertamente, fue en el «cumplimiento del tiempo» que Cristo vino (Gálatas 4.4).

Cada uno de nosotros anhela ser amado. Y Dios nos ama de tal manera que mostró «su amor para con nosotros»: envió a su Hijo. Nadie más tiene un ADN como el suyo. Nadie tiene su misma huella digital. Usted es un individuo, amado por el Señor. Y el amor que de forma voluntaria le devolvemos es indescriptiblemente valioso para él.

## EL FENÓMENO DEL AMOR DE DIOS

Lo fenomenal es que Dios no nos expresó su amor cuando éramos perfectos o merecedores. Nos amó «siendo aún pecadores». De hecho, «apenas morirá alguno por un justo; con todo, pudiera ser que alguno osara morir por el bueno. *Mas Dios* muestra su amor para con nosotros, en que *siendo aún pecadores*, Cristo murió por nosotros» (Romanos 5.7-8, énfasis añadido). Esas pequeñas dos palabras *mas Dios* hacen toda la diferencia.

Jesús descendió a la tierra y se hizo hombre. Vino a donde nosotros estamos para que un día pudiéramos ir a donde él está. En otras palabras, vino a la tierra a fin de que pudiéramos ir al cielo. Fue desamparado, para que nosotros nunca fuéramos desamparados. Como alguien dijo: «El Hijo de Dios se convirtió en el Hijo de hombre, a fin de que los hijos de los hombres pudiéramos convertirnos en hijos de Dios».

## EL PRECIO DEL AMOR DE DIOS

«Cristo murió por nosotros». Permitamos que esas palabras penetren en nuestro ser por un instante. Él murió en su lugar para que usted pudiera vivir su vida. Tomó su pecado para que usted pudiera tomar su justicia. «Porque de tal manera amó Dios al mundo, que *ha dado*…» (Juan 3.16). Por treinta y tres años, él dio. Debimos haberlo aceptado y amado por ello. Pero ¿acaso lo amamos? Lo aborrecimos. Escupimos su rostro. Lo azotamos hasta que su cuerpo quedó completamente manchado de sangre. Le quitamos su vestidura y nos burlamos de él. Le echamos encima un manto escarlata y le pusimos una corona de espinas sobre su cabeza. Y luego nos burlamos de él... y nos burlamos... y nos burlamos. Después arrancamos su barba con nuestras manos (Isaías 50.6), y nos seguimos burlando. Por último, tomamos sus manos —esas mismas manos que una vez calmaron las tormentas, acariciaron las cabezas de los niños, multiplicaron los panes y los peces, formaron el lodo para dar vista a un hombre ciego y se entrelazaron en oración en el huerto— y las clavamos a una cruz. Y luego tomamos esos mismos pies que habían llevado el mensaje de misericordia para tantas personas, que habían caminado sobre el mar, y los clavamos a una cruz.

El precio que Jesús pagó «muestra» que su amor fue grande. Cada azote, cada eco del martillo era la voz de Dios diciendo: «Amo a los pecadores».

Mientras abrazaba fuertemente a mi pequeña hija aquella noche, pensaba: *Daría el mundo por ella si pudiera*. Luego, me di cuenta de que Dios dijo justamente lo contrario: «Daré a mi Hijo al mundo». No es de extrañar que aquel viejo compositor escribiera: «En la cruz su amor Dios demostró y de gracia al hombre revistió, cuando por nosotros se entregó... *el Salvador*».

Al memorizar este versículo, medite en «la anchura, la longitud, la profundidad y la altura» del amor de Dios por usted (Efesios 3.18). Ninguna otra persona tiene su mismo ADN. Usted es un ser único, amado incondicionalmente por Dios. Reciba hoy su amor.

# 41  ¡DESAMPARADO!

*Cerca de la hora novena, Jesús clamó a gran voz,*
*diciendo: Elí, Elí, ¿lama sabactani? Esto es: Dios mío,*
*Dios mío, ¿por qué me has desamparado?*

MATEO 27.46

*D*urante la batalla intensa en la cruz, nuestro Señor habló siete veces mientras permanecía colgado entre el cielo y la tierra. Este fue su clamor más extraño: «Dios mío, Dios mío, ¿por qué me has desamparado?». ¿Fue Jesús realmente desamparado por su Padre durante su momento de agonía? Mientras estallaba la batalla, Satanás hacía todo lo posible para persuadir a Cristo a que renunciara, se diera por vencido y desfalleciera. En la cruz, el enemigo buscaba que Jesús se rindiera, invocara legiones de ángeles para liberarlo. Esta fue la batalla espiritual. Cuando sus discípulos lo abandonaron, Satanás lo tentó para que se diera por vencido. Esta fue la batalla del alma. Durante los maltratos y azotes previos a la cruz, el diablo buscaba lograr que nuestro Señor desfalleciera. Esta fue la batalla física.

Hoy muchos conocen el sentimiento aterrador de sentirse desamparado. Algunas personas un día pasaron por el altar matrimonial y oyeron a sus prometidos afirmar que nunca las dejarían ni las abandonarían. Pero eso resultó no ser cierto y ahora conocen la dura realidad de quedar desamparadas. Incontables niños que han sido abandonados por sus padres y madres también conocen el significado de la palabra. Quizás no haya otra que sea tan aterradora en nuestro idioma español como la palabra *desamparado*. Hagamos un breve paseo con nuestro Señor desde Galilea a Getsemaní hasta el Gólgota, y aprendamos de él cómo vencer el sentimiento de sentirse desamparado.

## EN GALILEA JESÚS FUE DESAMPARADO POR SU FAMILIA
*(Mateo 13.53-58)*

Los propios hermanos y hermanas de Jesús se distanciaron de él cuando comenzó su ministerio público. Por un momento, pensaron que sufría de inestabilidad mental. Fue en ese punto que Jesús dijo: «No hay profeta sin honra, sino en su propia tierra y en su casa» (Mateo 13.57). Jesús no tenía honra «en su casa»: su familia lo había desamparado.

Pero cuando aquellos que mejor lo conocían lo desampararon, en lugar de renunciar… Jesús oró. Leemos estas palabras: «Despedida la multitud, subió al monte a orar aparte; y cuando llegó la noche, estaba allí solo» (Mateo 14.23). Cuando fue desamparado por su propia familia, no renunció. Estando solo, acudió a su Padre celestial. Este es un desafío para todo aquel que conoce la cruda realidad de ser desamparado. En lugar de renunciar, podemos acercarnos a nuestro Señor en oración. Él es el único que puede identificarse verdaderamente con sus sentimientos y necesidades, pues también conoce cómo es sentirse desamparado.

# EN GETSEMANÍ JESÚS FUE DESAMPARADO POR SUS AMIGOS

*(Mateo 26.36-56)*

Aquella noche, antes de la crucifixión, Jesús necesitó a sus amigos y a sus seguidores como nunca antes. Sin embargo, inmediatamente después de haber orado con agonía, sudado gotas de sangre en el huerto de Getsemaní, la Biblia afirma rotundamente: «Entonces todos los discípulos, dejándole, huyeron» (Mateo 26.56). Lo abandonaron. Y eso no es todo. ¡Huyeron! Salieron corriendo. Negaron haberlo conocido. Huyeron en medio de la noche. Jesús fue desamparado, abandonado, en su hora de mayor necesidad. Y fue desamparado no por sus enemigos, sino por sus propios amigos.

Pero después de que sus discípulos lo abandonaron, en lugar de darse por vencido… Jesús oró por sí mismo. Escúchelo debajo de los olivos de Getsemaní: «Mi alma está muy triste, hasta la muerte; quedaos aquí, y velad conmigo. Yendo un poco adelante, se postró sobre su rostro, orando y diciendo: Padre mío, si es posible, pase de mí esta copa; pero no sea como yo quiero, sino como tú» (Mateo 26.38-39). Jesús no se rindió ante las circunstancias que giraban en torno a él. Al contrario, oró en las profundidades de su propio ser para hallar consuelo, no en su propia voluntad sino en la voluntad de aquel que lo envió. ¿Ha orado en lo profundo de su ser últimamente? Es decir, ¿ha llegado al lugar en su propia experiencia donde se une a Jesús en oración: «No sea como yo quiero, sino como tú»?

# EN EL GÓLGOTA JESÚS FUE DESAMPARADO POR SU PADRE
*(Mateo 27.33-46)*

¿Qué sucedió que hizo que Jesús preguntara: «Dios mío, Dios mío, ¿por qué me has desamparado?». Había estado colgado de la cruz por horas. Entonces las tinieblas cubrieron la tierra al mediodía. Se produjo un silencio mortal. Luego un clamor penetró la oscuridad: «Dios mío, Dios mío, ¿por qué me has desamparado?».

¿Acaso un Dios amoroso desampara a su propio Hijo? Él no abandonó a Daniel en el foso de los leones (Daniel 6). No abandonó a los tres hebreos en el horno de fuego en Babilonia (Daniel 3). Entonces, ¿por qué este extraño clamor de los labios de nuestro Señor en su momento más agonizante? La Biblia nos enseña que un Dios santo no puede ver el mal (Habacuc 1.13). En la cruz, Jesús estaba cargando los pecados de usted y los míos en su propio cuerpo, sufriendo el castigo por nuestros pecados como si fueran propios. Como dijo Isaías: «Todos nosotros nos descarriamos como ovejas, cada cual se apartó por su camino; mas Jehová cargó en él el pecado de todos nosotros» (53.6). Como Pablo nos recordó: «Al que no conoció pecado [Jesús], por nosotros lo hizo pecado, para que nosotros fuésemos hechos justicia de Dios en él» (2 Corintios 5.21). Durante la oscuridad, la Luz se apartó. Allí, en la cruz, cargando en él el pecado de todos nosotros, Jesús fue por un momento desamparado, a fin de que nosotros nunca estuviéramos desamparados.

Cuando eso sucedió, nuestro Señor fue tentado por el diablo para que se rindiera, para que gritara: «¡Suficiente!

¡Renuncio!». Pero en lugar de desfallecer… oró por nosotros. Escuche a Jesús desde la cruz mientras oraba y decía: «Padre, perdónalos, porque no saben lo que hacen» (Lucas 23.34). Óigalo hablando con el ladrón moribundo que estaba a su lado: «De cierto te digo que hoy estarás conmigo en el paraíso» (v. 43). Los brazos de Jesús están extendidos para nosotros. Y nunca estuvieron tan abiertos como cuando se extendieron en la cruz. Jesús no desfalleció; oró por nosotros.

¿Qué pasa con usted? ¿Ha estado en Galilea o aún se encuentra allí, en ese lugar donde se siente tentado a renunciar? Ore al Padre. Este es el lugar donde rinde su voluntad a la voluntad de Dios. ¿Ha estado en Getsemaní o aún se encuentra allí, en ese lugar donde es tentado a darse por vencido? Ore en las profundidades de su ser. Este es el lugar donde escudriña su corazón. ¿Ha estado en el Gólgota o está todavía allí, en ese lugar donde es tentado a simplemente desfallecer? Alcance a otros. Este es el lugar donde usted sacrifica su propia voluntad a él, como hizo Cristo.

En verdad, nuestro Señor fue desamparado por su familia, sus amigos y su Padre celestial, pero solo para que nosotros nunca fuésemos desamparados. «Ciertamente llevó él nuestras enfermedades, y sufrió nuestros dolores» (Isaías 53.4). ¡Qué maravilloso Salvador!

Al memorizar este versículo, medite en el hecho de que nunca vamos a experimentar nada en esta vida que Jesús mismo no haya experimentado antes que nosotros y por nosotros. ¿Desamparado? No renuncie, ore al Padre. No se dé por vencido; ore en la profundidad de su ser. No desfallezca, ore por otros.

# 42 EMBAJADORES EN NOMBRE DE CRISTO

*Así que, somos embajadores en nombre de Cristo,*
*como si Dios rogase por medio de nosotros; os rogamos*
*en nombre de Cristo: Reconciliaos con Dios.*

2 CORINTIOS 5.20

Como creyentes, tenemos responsabilidades y tareas trascendentales. Debemos ser embajadores en nombre del Rey de reyes. ¿Qué es exactamente un embajador? Un embajador es un representante. Por ejemplo, el presidente de Estados Unidos designa a un embajador para representar los intereses de nuestro país en una nación en particular en alguna parte del mundo. Dado que el líder de nuestra nación no puede estar en todos lados, envía embajadores para que vivan en cada uno de los numerosos países y representen a Estados Unidos.

Pablo dijo: «Somos embajadores en nombre de Cristo». Somos enviados del cielo a este lugar extranjero llamado Tierra para ser sus representantes. Debemos ser embajadores de Cristo en nuestra cuadra, en nuestra escuela, en nuestro trabajo y a dondequiera que vayamos. A fin de representar verdaderamente a nuestro Rey con honor e integridad, debemos conocer algunas de las características comunes de un embajador.

# LA CIUDADANÍA DE UN EMBAJADOR

En primer lugar, debería resultar evidente que un embajador de Estados Unidos en una nación extranjera debe ser un ciudadano americano. Ningún extranjero podría representar a nuestra nación en un país distante. Ninguno de nosotros esperaría que nuestro gobierno, por ejemplo, envíe a alguien de Siria para representar a Estados Unidos en Egipto.

Un verdadero embajador de Cristo es aquel cuya «ciudadanía está en los cielos» (Filipenses 3.20). Exiliado en la isla de Patmos, Juan dijo: «Yo… estaba en la isla llamada Patmos… Yo estaba en el Espíritu en el día del Señor» (Apocalipsis 1.9-10). Juan sabía que no se trataba de dónde estaba sino *de lo que* él era lo que realmente importaba cuando representaba a su Señor. Aquellos que son verdaderos embajadores en nombre de Cristo saben que han pasado «de muerte a vida» (1 Juan 3.14) y de tinieblas a luz al confiar solo en Cristo por medio de la fe para su salvación (1 Pedro 2.9). Por tanto, puede que residan «en el mundo» pero no son «del mundo» (Juan 17.13-17). Pertenecen a otro reino.

# EL CARÁCTER DE UN EMBAJADOR

Los representantes de Estados Unidos deben tener un carácter irreprochable. Antes de ser designados, se someten al escrutinio más minucioso que se pueda imaginar. Su carácter moral, sus operaciones financieras, sus antecedentes laborales, todas y cada una de sus palabras y hechos se analizan en detalle. Los embajadores deben tener un carácter irreprochable.

¿Deberían los embajadores en nombre del Rey de reyes y del Señor de señores ser inferiores? Como representantes de Cristo, debemos poseer las más altas cualidades morales. Nuestra reputación debe ser intachable y nuestro carácter irreprochable.

## LA CONDUCTA DE UN EMBAJADOR

Un embajador no debe tener lealtades ni intereses divididos. Debe ser desinteresado en su enfoque para representar a su país. Aquel que represente a nuestro país en el extranjero debe dejar en suspenso cualquier conflicto que pudiera interferir de algún modo con esta tarea. Su conducta debe cumplir con las más altas normas morales si van a representar de manera efectiva las necesidades e intereses de su nación.

Eso mismo aplica para aquellos de nosotros que somos embajadores en nombre de Cristo. Fue en este punto que el apóstol dijo: «Y por todos murió, para que los que viven, ya no vivan para sí, sino para aquel que murió y resucitó por ellos» (2 Corintios 5.15). Cristo espera que aquellos que le representen en nuestro mundo vivan para él con una conducta que se ajuste a nuestro deber.

## LA CONSTANCIA DE UN EMBAJADOR

Un embajador debe ser firme y vivir con una lealtad indiscutible y constante hacia su patria. No quisiéramos tener a un embajador estadounidense en Rusia que no sea digno de nuestra confianza. Los embajadores deben ser constantes en el manejo de todos los asuntos de gobierno y totalmente leales al mismo. De lo contrario, sus acciones podrían considerarse traicioneras.

Me pregunto si hay algunos embajadores de Cristo que deberían ser enjuiciados por traición. Jesús nos salvó. Nos hizo sus propios embajadores; sin embargo, algunos de nosotros nos hemos aliado con la multitud de este mundo. En raras ocasiones les hablamos a otros de la bondad de Jesús ni representamos bien sus intereses. Dios desea que sus embajadores sean constantes en su vida cristiana. Una cosa es ser un embajador de Estados Unidos en una nación aliada como Inglaterra. Y es algo muy diferente ser un embajador en una zona de conflicto como Sudán. Eso mismo aplica para aquellos de nosotros que hoy somos embajadores en nombre de Cristo en lugares complicados. Se necesita a una persona especial para ser su embajador en una zona de combate. Esa misión requiere no solo un carácter puro y una conducta apropiada, sino también acciones personales que estén en consonancia con las de Cristo.

## LA COMUNICACIÓN DE UN EMBAJADOR

Los embajadores eficientes han sabido dominar el arte de la comunicación. Se mantienen constantemente comunicados con el departamento del gobierno que lo dirige. Al mismo tiempo, se comunican de manera constante con los líderes de la nación que le fue asignada. En la mayoría de los casos, los embajadores son bilingües; es decir, hablan tanto el idioma del país de origen como el idioma nativo del país donde sirven.

Ahora bien, si queremos ser embajadores eficientes para Cristo, debemos estar en permanente contacto diario con nuestra sede central. Asimismo, debemos comunicar los deseos, la voluntad y las órdenes de nuestro Líder a aquellas personas que nos rodean. De lo contrario, no habremos estado a la altura de nuestro llamado ni de nuestra misión.

## LA CONSIDERACIÓN DE UN EMBAJADOR

A los embajadores se los considera y se los elige en función de sus capacidades para ser hombres y mujeres de diplomacia. El arte de la diplomacia es primordial en la lista de los objetivos más importantes. Ellos son más efectivos cuando son amables en su forma de desarrollar su trabajo. De seguro, no querríamos que alguien desagradable y que constantemente irrite a otros represente a nuestra nación.

Cuánto más nosotros, como embajadores en nombre de Cristo, debemos ser amables mientras emprendemos nuestra tarea y evangelizamos. Deberíamos ser las personas más encantadoras y hospitalarias que pudieran encontrarse. De hecho, la Biblia dice que debemos ser «grato olor de Cristo» para aquellos que nos rodean (2 Corintios 2.15).

Como embajadores de Cristo, tenemos un único propósito: «En nombre de Cristo les rogamos que se reconcilien con Dios» (NVI). Esta es nuestra misión. Esta es nuestra tarea. A fin de realizarla con éxito, debemos incorporar todas las características de un embajador. Hemos sido designados por nuestro Rey para ser sus embajadores. Asegurémonos de vivir conforme a nuestro llamado.

Al memorizar este versículo, medite en todas las cualidades de un embajador y, mientras emprende su misión y evangeliza, represéntelo en una manera digna de su llamado.

# 43 INTEGRIDAD: ¡NO SALGA DE SU CASA SIN ELLA!

*Quien se conduce con integridad anda seguro;*
*quien anda en malos pasos será descubierto.*

PROVERBIOS 10.9, NVI

¿Cuál es el atributo más importante de una persona que desea verdaderamente marcar una diferencia en nuestro mundo actual? Algunos dirían que es el intelecto. Después de todo, el conocimiento es poder en muchos aspectos. Otros afirman que es el fervor, ese espíritu de conquista acompañado de una pasión que se vuelve contagiosa. Incluso otros sugieren que es el discernimiento, el buen sentido común, junto con la capacidad para ver claramente ciertos asuntos. Sin embargo, sostengo que la característica más importante es la integridad. Todos hemos conocido personas a lo largo de la vida que tienen un intelecto increíble, pero carecen de integridad y, por lo tanto, están fuera de la carrera. Otros poseen un fervor y una pasión asombrosos, pero la integridad se ha ido de la misma manera. Sucede lo mismo con las personas que tienen un discernimiento perspicaz pero sin integridad. La integridad es nuestro bien más preciado.

La integridad es ese estado o cualidad de sentirse pleno, y es la libertad de las influencias o intenciones corruptoras. El diccionario de sinónimos la equipara con palabras como *honestidad*, *plenitud* e *incorruptibilidad*. Ciertamente, «quien se conduce con integridad anda seguro».

Cada uno de nosotros vive en cuatro esferas de la vida y de influencia distintas. Vive en un mundo *privado*. Existe una parte dentro de su ser donde nadie tiene realmente acceso. Ni siquiera aquellos más cercanos a nosotros —nuestros cónyuges— conocen todos nuestros pensamientos privados. Nadie puede invadir su mundo privado excepto usted… y el Dios que conoce todos sus pensamientos. También vive en un mundo *personal*. Esta es la parte de usted que comparte con un círculo pequeño de familia directa y tal vez algunos pocos amigos que lo conocen íntimamente. Luego viene su mundo *profesional*. Esta existencia consiste en docenas o incluso cientos de hombres y mujeres que, si bien no lo conocen en lo personal, mucho menos en el ámbito privado, lo conocen en un entorno profesional. Por último, vive en un mundo *público*. Este es el mundo en el cual la gente no lo conoce en lo personal ni ha tratado con usted en un entorno profesional, pero han formado una opinión acerca de usted. Lo llamamos nuestra persona pública. De la realidad de estas cuatro esferas surge una pregunta importante: ¿en dónde está arraigada la integridad en la vida?

## LA INTEGRIDAD ESTÁ ARRAIGADA EN NUESTRA VIDA PRIVADA

La integridad proviene de un código interno, no de una promoción externa. La integridad está arraigada en esa vida privada que desarrollamos a solas con Dios en el lugar secreto. A menudo, oímos a los arquitectos, ingenieros o constructores decir: «Este edificio tiene integridad estructural». Es decir, la belleza externa de un rascacielos depende de los cimientos internos y ocultos que fueron cavados con profundidad en la tierra y construidos con bases sólidas. Es esa vida oculta de un edificio la que brinda la integridad estructural. Es la vida oculta de un naranjo, ese sistema de raíces que no se ve bajo la profundidad de la tierra, la que produce esas frutas deliciosas y jugosas. Y así es también con nosotros. La integridad está arraigada en la vida privada.

¿Qué hizo que un hombre como Billy Graham fuera tan influyente y confiable por tantas décadas? ¿Acaso fue su intelecto? ¿Fue su fervor? No. Fue, sin lugar a dudas, su integridad intachable la que le hizo ganar una audiencia prolongada. El rey Salomón estuvo en lo cierto: «La integridad de los rectos los encaminará» (Proverbios 11.3).

## LA INTEGRIDAD SE REFLEJA EN NUESTRA VIDA PERSONAL

Una vez que la integridad está arraigada en nuestra vida privada, comienza a verse reflejada en nuestras relaciones con aquellas personas más cercanas a nosotros. Muchos parecen pensar que la integridad está arraigada en esas experiencias interpersonales cercanas, pero no es así. Solo se refleja allí, si, pues, somos hombres y mujeres íntegros. Si usted quiere saber si tengo integridad, pregúntele a mi esposa o a mis hijas, quienes realmente me conocen en la intimidad de las relaciones familiares. La integridad no tiene sus raíces en el mundo personal. No obstante, ciertamente se ve reflejada allí.

## LA INTEGRIDAD SE REFUERZA EN NUESTRA VIDA PROFESIONAL

¿Qué hay de su vida profesional, esa esfera que está en constante aumento? Si usted tiene una vida oculta donde su propia integridad está arraigada, se verá reflejada no solo en sus relaciones cercanas, sino que además se reforzará en su trato cotidiano en el mundo laboral. La integridad se refuerza sobre el yunque de las experiencias personales y prácticas en el mercado.

Nuestra mayor oportunidad para marcar una diferencia y promover nuestra cultura es allí afuera, en el mundo laboral. Es imperativo que, como cristianos, seamos hombres y mujeres de integridad en el mundo profesional que nos rodea. Hay un pequeño porcentaje decreciente de personas en nuestras ciudades que asisten a la iglesia los domingos por la mañana. Sin embargo, el lunes, multitudes entran a sus trabajos y toman nota de los individuos de integridad. La integridad no tiene sus raíces en nuestra vida profesional; solo se refuerza allí. Esto es, si verdaderamente la poseemos.

## LA INTEGRIDAD SE REVELA EN NUESTRA VIDA PÚBLICA

Una vez que somos arrastrados a la vida pública, es demasiado tarde para buscar la integridad. Si ya no la poseemos, es demasiado tarde. Sin embargo, algunos buscan darle un giro a su promoción personal en un esfuerzo inútil por hacer que otros crean que son personas de integridad. Pero la integridad no está arraigada en el ámbito público, está arraigada en nuestro mundo privado. Las palabras de Salomón siguen siendo ciertas: «Quien se conduce con integridad anda seguro; quien anda en malos pasos será descubierto».

Cuando la integridad está arraigada en el mundo privado, la misma se refleja en el mundo personal, se refuerza en el mundo profesional y, por último, se revela en el mundo público para la gloria del Dios a quien amamos y servimos.

Al memorizar este versículo, medite en su propia vida privada. Concéntrese en ese tiempo a solas con Dios sobre su vida oculta. Entonces «todas estas cosas os serán añadidas» (Mateo 6.33).

# 44    EL VERBO FUE HECHO CARNE

*Y aquel Verbo fue hecho carne, y habitó entre nosotros*
*(y vimos su gloria, gloria como del unigénito del*
*Padre), lleno de gracia y de verdad.*

¿*Q*uién es este «Verbo» del cual se habla en los versículos iniciales del Evangelio de Juan? ¿Era otro de los profetas enviados por Dios para entregar su mensaje a su pueblo? ¿Era una especie de ángel santo que había estado habitando en el mundo celestial durante milenios? No, este Verbo es infinitamente mayor que cualquier ser creado. Es Dios mismo, quien descendió del cielo, se hizo hombre y se introdujo en la historia de la humanidad. Juan es explícito en cuanto a su identidad: «En el principio era el Verbo, y el Verbo era con Dios, y el Verbo era Dios» (Juan 1.1).

Otros pasajes en las Escrituras amplían esta verdad sobre Jesús, Dios hecho hombre. Para demostrar las profundidades de esta verdad, Pablo dijo que Dios «también le exaltó hasta lo sumo, y le dio un nombre que es sobre todo nombre, para que… se doble toda rodilla… y toda lengua confiese que Jesucristo es el Señor, para gloria de Dios Padre» (Filipenses 2.9-11). A los colosenses, Pablo les dijo que Cristo «es la imagen del Dios invisible… Porque en él fueron creadas todas las cosas… y todas las cosas en él subsisten… para que en todo tenga la preeminencia» (1.15-18). Y el autor de Hebreos relata que «habiendo efectuado la purificación de nuestros pecados por medio de sí mismo, se sentó a la diestra de la Majestad en las alturas» (1.3).

La encarnación, ese período de treinta y tres años cuando Dios invadió la tierra revestido en carne y hueso, constituye una de las manifestaciones más condescendientes del amor divino que se encuentran en cualquier lugar y momento de la historia. En esta encarnación, nos maravillamos ante la vestidura, la gracia y la gloria de Dios.

## LA VESTIDURA DE DIOS

«Aquel Verbo fue hecho carne». ¡Jesús descendió a donde nosotros estamos a fin de que pudiéramos ascender donde él está! Vino a nosotros y se hizo carne. Él no fue Dios *y* hombre cuando caminó por este mundo, sino que fue el único Dios hecho hombre. Como Dios, caminó sobre las aguas, calmó la tormenta, sanó a los enfermos y resucitó de entre los muertos. Como hombre, tuvo sed y cansancio, sintió tristeza y dolor.

Piense en esto. Jesús descendió, no aferrándose al esplendor de toda su gloria, tampoco evitándonos a causa de nuestra condición pecaminosa, sino humillándose para convertirse en siervo y hacerse carne. De este modo, sería capaz de decir: «Entiendo» cada emoción, tentación y dolor que experimentamos.

Después de todo, si Dios fuera a volverse hombre, ciertamente esperaríamos que tuviera una entrada inusual y única en nuestra existencia. Él descendió, no como un hombre adulto, sino como una pequeña semilla indefensa que fue plantada en el vientre de una joven virgen judía. Jesús no nació en un entorno limpio y estéril sobre sábanas blancas almidonadas, sino en medio del estiércol y la suciedad de un establo en Belén, donde la enfermedad, e incluso la muerte, eran factores posibles. Esta es una condescendencia maravillosa: en Jesús, Dios mismo se revistió de carne humana.

## LA GRACIA DE DIOS

En la encarnación, también vemos la gracia maravillosa de Dios. Ciertamente, «habitó entre nosotros… lleno de gracia y de verdad». La palabra traducida *habitó* significa «residir de manera temporal como si uno viviera en una carpa». Esta era la misión de nuestro Señor. Él descendió a la tierra, por un tiempo determinado, a fin de pagar la pena por nuestros pecados, para presentarnos delante del Padre. Así, «habitó entre nosotros», pero solo de manera temporal en su condición humana.

El texto continúa diciendo que Jesús estaba «lleno de gracia». *Gracia* se define como «favor inmerecido». Jesús estaba lleno de gracia. Existe una diferencia entre misericordia y gracia. *Misericordia* es no obtener aquello que sí merecemos. *Gracia* es obtener aquello que no merecemos. El amor de Dios siempre se manifiesta en su gracia. A través de toda la Escritura, vemos que extiende este favor inmerecido a los pecadores. Incluso en la cruz lo encontramos orando por el perdón de aquellos que lo estaban persiguiendo y crucificando. El Verbo, que fue hecho carne, verdaderamente estaba «lleno de gracia».

Nuestro Señor también estaba «lleno de… verdad». De hecho, él era la personificación de la verdad. Es solo cuando su gracia nos guía a conocer la verdad que somos verdaderamente libres. Jesús vino, no para hablarnos acerca de Dios, sino para revelarnos cómo era Dios, a fin de que el más pobre de entendimiento pudiera conocer al Padre de una manera tan íntima como el académico más inteligente.

## LA GLORIA DE DIOS

En la encarnación de Cristo, también podemos vislumbrar su gloria: «Vimos su gloria, gloria como del unigénito del Padre». No cabe duda de que Juan, siendo ya un hombre anciano, recordara la transfiguración cuando escribió estas palabras. Él había estado allí, junto con su hermano Santiago y Simón Pedro, cuando nuestro Señor fue transfigurado en su cuerpo glorificado. ¡Juan vio «su gloria» muy bien! En aquel monte Juan vio a Jesús cuando «resplandeció su rostro como el sol, y sus vestidos se hicieron blancos como la luz» (Mateo 17.2).

La encarnación de Cristo no debería verse como un fenómeno histórico. En cierto sentido, puede considerarse una experiencia continua. Este mismo Jesús que nació en Belén, que se revistió de carne humana, anhela nacer de nuevo en nuestros corazones. Su deseo es residir en usted, habitar hoy en su corazón. Pablo se deleitaba en este pensamiento cuando dijo: «Cristo en vosotros, la esperanza de gloria» (Colosenses 1.27). ¿Ha «visto su gloria» en usted?

Al memorizar este versículo, medite en la maravillosa condescendencia de Cristo. Dejó a un lado su gloria para hacerse carne… por mí… por *usted*.

# 45 LOS DIEZ GRANDES MANDAMIENTOS

*Yo soy Jehová tu Dios,*
*que te saqué de la tierra de Egipto,*
*de casa de servidumbre.*
*No tendrás dioses ajenos delante de mí.*

ÉXODO 20.2-3

ay cientos de mandatos en la Torá, pero los diez grandes mandamientos se encuentran aquí, en Éxodo 20. Hoy en día, observamos un ataque intencional e intensivo en contra de los Diez Mandamientos en nuestra cultura occidental. Se está quitando sistemáticamente cualquier referencia a ellos de nuestras plazas públicas, de las aulas de las escuelas públicas y de casi cualquier otro lugar imaginable. Sin embargo, si viajamos a la capital de nuestra nación encontramos estos Diez Mandamientos grabados en granito sobre los edificios del gobierno, tallados en caoba en las bibliotecas públicas e incluso están exhibidos en la pared principal donde los jueces de la Corte Suprema celebran audiencias todos los días. Estas exhibiciones públicas constituyen testimonios vivos de la fe de nuestros padres fundadores y de los principios que convirtieron a esta nación en la más grande de la tierra. Los Diez Mandamientos han sido, a través de los años de nuestra república, el hilo con el cual se ha confeccionado el tejido de nuestra gran nación. Los Diez Mandamientos han servido como los cimientos de la mayoría de las sociedades civiles y decentes por más de tres mil años.

Todos entendemos la importancia de las reglas y normas en nuestras vidas cotidianas. ¿Puede imaginarse un partido de fútbol americano sin líneas laterales visiblemente marcadas? ¿Qué clase de orden habría en un partido si el corredor pudiera abandonar el campo de juego, subir las escalinatas del estadio, salir por el estacionamiento, entrar al campo desde otro ángulo y anotar un *touchdown*? Los límites son parte de nuestra vida cotidiana. Los constructores tienen códigos o límites de construcción a los cuales deben adherirse. Todos necesitamos absolutos. Las sociedades civilizadas necesitan límites en los cuales existir. ¿Cuándo viaja más libremente un tren? Un tren viaja con mayor libertad cuando permanece en los rieles que han sido establecidos para tal fin, no cuando trata de viajar a través de un campo. Lo mismo puede decirse de nosotros. Al igual que el tren en su vía, nosotros nos movemos más libremente cuando definimos con claridad los límites o normas conforme a los cuales vivir.

Nuestro versículo para memorizar en este capítulo incluye el primer mandamiento. ¿Por qué? ¿Por qué no el tercero… o el séptimo… o el décimo? Porque si comprendemos bien el primer mandamiento, todos los otros empezarán a cobrar sentido. Esto es cierto para los primeros cuatro, aquellos que definen nuestra relación con Dios, es decir, los mandamientos verticales. Si comprendemos bien este primer mandamiento, también nos ayudará en nuestras relaciones con los demás, las cuales se abordan en los mandamientos horizontales o en los últimos seis. Cuando le damos a Dios la preeminencia en nuestras vidas, no tendremos dificultades con robar o mentir o adulterar o cualquiera de los otros. El mandamiento de amar a Dios está en primer lugar por una razón muy significativa: este primer mandamiento de los diez ofrece cuatro principios muy importantes para llevar la vida cristiana.

## PRIMER PRINCIPIO: DIOS ESTÁ PRESENTE

La introducción de los Diez Mandamientos comienza con una declaración maravillosa: «YO SOY». Cuando Dios llamó a Moisés desde la zarza ardiente para convertirlo en el gran emancipador del pueblo de Dios, Moisés le preguntó: «He aquí que llego yo a los hijos de Israel, y les digo: El Dios de vuestros padres me ha enviado a vosotros. Si ellos me preguntaren: ¿cuál es su nombre?, ¿qué les responderé?». Y respondió Dios a Moisés: «YO SOY EL QUE SOY». Y dijo: «Así dirás a los hijos de Israel: YO SOY me envió a vosotros» (Éxodo 3.13-14). Dios siempre está presente, desde la eternidad pasada hasta la eternidad futura. Por un lapso de treinta y tres años en la historia de la humanidad, descendió del cielo a nuestro plano físico. Sin embargo, siempre ha sido y siempre será el gran YO SOY.

Para cuando los israelitas llegaron a Éxodo 20, prácticamente habían olvidado su herencia. Entonces, fue allí cuando el Dios omnipresente les dio a conocer sus Diez Mandamientos; los escribió en una tabla con su propio dedo. Dios está también presente hoy. No es alguien que simplemente apareció una vez en la historia y hoy no se sabe dónde está. Él sigue siendo el gran YO SOY.

## SEGUNDO PRINCIPIO: DIOS ES PERSONAL

Él es «Jehová *tu* Dios». Esta palabra es singular en hebreo, para indicar que Dios desea una relación personal con usted. Muchos piensan que la vida cristiana se trata de religión. Otros creen que tiene que ver con rituales; es decir, la realización de ciertos deberes rutinarios. Sin embargo, la vida cristiana realmente se trata de una relación: una relación personal, viva y fundamental con el Señor Jesucristo.

El propósito de la ley nunca fue salvarnos. Es erróneo pensar que cualquiera de nosotros puede guardar todos los mandamientos establecidos por Dios. De hecho, las Escrituras nos enseñan que si transgredimos solo uno de ellos, somos culpables de todos (Santiago 2.10). Pablo, en el Nuevo Testamento, dijo que la ley era simplemente «nuestro ayo, para llevarnos a Cristo, a fin de que fuésemos justificados por la fe» (Gálatas 3.24). La ley existe para enseñarnos que ninguno puede cumplir con los estatutos de Dios y cuánto necesitamos un Salvador. Nunca podríamos salvarnos a nosotros mismos guardando la ley.

Dios dijo: «Yo soy Jehová tu Dios». Pero ¿lo es? ¿Lo conoce con la intimidad de Padre e hijo? ¿Conoce a aquel que es vida y vida eterna? La única manera en que podemos guardar los mandamientos y cumplirlos de corazón es cuando tenemos una relación personal con él. No solo él está siempre presente, sino que además es un Dios personal.

# TERCER PRINCIPIO: DIOS ES PODEROSO

El Dios todopoderoso le recordó a Moisés que él fue aquel que lo sacó «de la tierra de Egipto, de casa de servidumbre». Él fue aquel que envió las plagas sobre Egipto. Él fue quien se mostró en la liberación provista por el Cordero de Pascua. Él fue aquel que dividió las aguas del mar Rojo. Fue quien guio al pueblo de Israel con una nube de día y una columna de fuego de noche. Fue quien los alimentó todos los días con maná. Él fue aquel que hizo brotar agua de la roca. Cuán propensos somos a olvidar lo poderoso que es nuestro Dios y todo lo que ha hecho por nosotros en el pasado.

El presidente Woodrow Wilson dijo una vez: «Una nación que no recuerda qué fue ayer, no sabe qué es hoy ni qué va a hacer en el futuro. Trabajamos en vano si no sabemos de dónde venimos y qué hemos sido hasta ahora». Aquí, en este primer mandamiento, Dios nos anima a recordar las cosas maravillosas que él ha hecho por nosotros en el pasado. Al recordar, podemos tener poder en el presente y confianza en el futuro.

# CUARTO PRINCIPIO: DIOS ES PREEMINENTE

«No tendrás dioses ajenos delante de mí». Dios no pudo haber sido más específico. Él demanda preeminencia. La prioridad en la vida de cada creyente debe ser permitir que él gobierne en el trono de nuestros corazones. Cuando esto sucede, cuando amamos al Señor con todo nuestro corazón, alma y mente, nos maravillamos en cómo «todas estas [otras] cosas os serán añadidas» (Mateo 22.37; Mateo 6.33).

Los antiguos hebreos, no obstante, tenían la tendencia de caer en el politeísmo o en la adoración de otros dioses. Los antiguos dioses parecían nunca desaparecer. Simplemente, se transformaban y aparecían en las generaciones subsiguientes. Un «dios» es alguien o algo que disfruta de su principal devoción. Algunos crean un dios de sus posesiones; no hay nada malo con poseer cosas a menos que comiencen a poseerlo a usted. Otros encuentran a su dios en la promiscuidad; el sexo se ha convertido en el dios que muchos adoran en nuestro mundo moderno. El dios de algunos es la política. Otros se inclinan en el altar del placer en nuestro mundo enloquecido por el deporte y el entretenimiento. Pero Dios nos advierte: «No tendrás dioses ajenos delante de mí». Él debe tener la prioridad sobre todo en nuestras vidas.

Una vez alguien se acercó a Jesús de Nazaret y le pidió que identificara el mayor de todos los mandamientos de Dios. En una única declaración, los Diez Mandamientos, sin mencionar los seiscientos mandamientos de la Torá, se redujeron a dos. Jesús dijo: «Amarás al Señor tu Dios con todo tu corazón, y con toda tu alma, y con toda tu mente. Este es el primero y gran mandamiento. Y el segundo es semejante: Amarás a tu prójimo como a ti mismo. De estos dos mandamientos depende toda la ley y los profetas» (Mateo 22.37-40). Aquí tiene; la relación vertical que tenemos con Dios (Éxodo 20.1-11) y las relaciones horizontales que tenemos con los demás (Éxodo 20.12-17), ambas incluidas en el gran mandamiento.

Démosle a Cristo el primer lugar en nuestras vidas, a fin de no unirnos con los que parecen olvidar, con el tiempo, que gozamos de las bendiciones con nuestro Padre celestial porque Cristo murió para hacerlas posibles. Cuando Cristo vino, tomó estos mandamientos y los tornó en una cuestión del corazón. El amor es el eje, el eje eterno.

Al memorizar este versículo, medite en cada uno de los Diez Mandamientos. Y recuerde que «el mayor de ellos es el amor» (1 Corintios 13.13).

# 46 LA ORACIÓN MODELO

*Vosotros, pues, oraréis así: Padre nuestro que estás en
los cielos, santificado sea tu nombre.*

MATEO 6.9

De acuerdo con la Biblia, los discípulos le pidieron al
Señor que les enseñase a hacer solo una cosa. Después
de vivir con él durante tres años, viajar por toda Galilea y
Judea y compartir cientos de comidas juntos, solo pidieron
que se les enseñara una cosa. Nunca le pidieron a Jesús que
les enseñara a predicar. Tampoco le pidieron que les enseñara
a evangelizar o a sanar a los enfermos. La única cosa que le
pidieron a Jesús que les enseñara se registra en Lucas 11.1.
Ellos le pidieron: «Señor, enséñanos a orar». Los discípulos
eran lo suficientemente inteligentes como para saber que este
era el secreto de su vida. Lo habían visto en muchas ocasiones
alejarse de ellos para irse a orar a los montes. Lo observaron en ocasiones orando durante toda la noche. Lo vieron
orar antes de cada gran prueba y después de cada gran logro.
Sabían que si podían dominar la oración, entonces sabrían
cómo predicar, cómo evangelizar y cómo hacer cualquiera de
las otras tareas necesarias para llevar a cabo su misión y llamado en la vida.

Quizás no haya otra oración recitada por tantas personas, tantas veces, en tantos lugares como esta oración, comúnmente llamada «El padrenuestro». Sin embargo, a veces se la conoce como «La oración modelo». En Juan 17 vemos la oración del Señor, la más elevada intercesión suya por nosotros registrada en vísperas de su crucifixión. Sin embargo, la que se encuentra en Mateo 6.9-13, es el modelo y guía para nuestra propia vida devocional. Contiene una oración para la gloria de Dios y una para nuestro bienestar.

## UNA ORACIÓN PARA LA GLORIA DE DIOS

Esta oración comienza con un elemento de *adoración*: «santificado sea tu nombre» (Mateo 6.9). La palabra *santificado* significa «apartado». El nombre del Señor es sin igual. Es santo. Jesús nos enseñó aquí que debemos iniciar la oración con una actitud reverente y de adoración como si estuviéramos presentándonos delante de un rey.

La oración también incluye el elemento de la evangelización: «Venga tu reino» (v. 10). En la Biblia se nos presenta un reino de gracia y un reino venidero de gloria. Cuando hacemos esta oración, rogamos por aquellos a nuestro alrededor que nunca han entrado en el reino de la gracia de Dios al ser nacidos de nuevo. También nos estamos uniendo a los santos de todas las edades que han buscado la «esperanza bienaventurada» y la «manifestación gloriosa» de Jesucristo (Tito 2.13). Jesús regresará para establecer su reino glorioso. Por tanto, nos unimos a la oración de Juan desde Patmos: «Amén; sí, ven, Señor Jesús» (Apocalipsis 22.20).

Esta oración modelo para la gloria de Dios también comprende el elemento de la *voluntad*: «Hágase tu voluntad» (v. 10). En un capítulo anterior oímos a nuestro Señor orar debajo de esos olivos ancestrales en el huerto de Getsemaní: «No se haga mi voluntad, sino la tuya» (Lucas 22.42). Jesús nos enseña aquí que no podemos acercarnos a Dios en oración con un espíritu egoísta, que busca su propio camino y voluntad. Debemos acudir a él con un espíritu de humildad y sumisión, uniéndonos a Jesús en oración: «No se haga mi voluntad, sino la tuya».

## UNA ORACIÓN PARA NUESTRO BIENESTAR

Los versos siguientes de esta oración modelo consisten en nuestras peticiones personales que resultan no solo en la gloria de Dios, sino también en nuestro propio bienestar. Pedimos por *provisión*: «El pan nuestro de cada día, dánoslo hoy» (v. 11). Dependemos de nuestro Padre celestial para suplir nuestras necesidades básicas de la vida. No podemos acercarnos a él con un espíritu independiente de autosuficiencia. Asimismo, es importante notar que aquí se trata del pan de «cada día». Una de las razones por la que muchos creyentes se descarrían es que olvidan este punto. El maná caía del cielo todos los días en el desierto y solo era comestible ese día. Aquello que recibamos hoy de la Biblia, el pan de vida, es suficiente por hoy. Al pedirle a Dios su provisión, recuerde que él suple pan para «cada día».

También encontramos aquí una petición por *perdón*: «perdónanos nuestras deudas, como también nosotros perdonamos a nuestros deudores» (v. 12). Por tanto, nos acercamos a Dios en oración con un espíritu arrepentido y no con un espíritu independiente. No podemos presentarnos ante él con pecados sin confesar y que no hayan sido perdonados en nuestras vidas. Insisto, note que cada palabra de esta oración está allí por una razón. Le pedimos a Dios que nos perdone «como también nosotros perdonamos a nuestros deudores». Pero ¿lo decimos en serio? Debemos pensar con mayor profundidad sobre lo que estamos orando aquí. Algunos tienden a decir: «Está bien, la perdonaré, pero no tendré nada más que ver con ella». ¿Es esa la manera en que queremos que Dios nos perdone? Piense al respecto la próxima vez que haga esta oración modelo.

También encontramos aquí una petición por *protección*: «Y no nos metas en tentación, mas líbranos del mal» (v. 13). Necesitamos que Dios nos guíe. Nunca nos guiará para hacer el mal. Existe una diferencia entre las tentaciones y las pruebas que se nos presentan en la vida. Por lo general, las pruebas vienen de parte de Dios para enseñarnos a mantenernos firmes; las tentaciones vienen del diablo para hacernos tropezar. Necesitamos la guía y liberación de Dios en nuestras vidas cotidianas.

Comenzamos esta oración, diciendo: «Padre nuestro» (v. 9). El fundamento de todas las oraciones verdaderas está en estas primeras dos palabras de la oración modelo. Si no puede decir «Padre nuestro» nunca tendrá una vida de oración efectiva. Y no podrá decir «Padre nuestro» a menos que haya nacido de nuevo en la familia de Dios al encomendarse a su Hijo por el perdón de sus pecados y el don de la vida eterna con él.

«Padre nuestro». Ciertamente, no somos mendigos que van por la puerta trasera buscando una limosna de algún benefactor cósmico. Somos hijos de Dios, sentados a su mesa, dándole a conocer nuestras peticiones (Filipenses 4.6). Con razón somos invitados a acercarnos confiadamente al trono de la gracia (Hebreos 4.16). La oración tiene un propósito doble: es para la gloria de Dios y para nuestro bienestar.

Al memorizar este versículo, medite en el hecho de que este es solo un patrón para nuestras oraciones. Jesús en realidad nunca nos dijo que hiciéramos esta oración, sino que dijo: «Vosotros, pues, oraréis así…» (Mateo 6.5). Este es solo un modelo para que sigamos al unirnos a los apóstoles en su petición: «Señor, enséñanos a orar».

# 47 UN NUEVO CÁNTICO DE REDENCIÓN

*Y cantaban un nuevo cántico, diciendo: Digno eres
de tomar el libro y de abrir sus sellos; porque tú fuiste
inmolado, y con tu sangre nos has redimido para Dios,
de todo linaje y lengua y pueblo y nación.*

APOCALIPSIS 5.9

Nuestras mentes limitadas apenas pueden comprender la idea de que Cristo nos redimió al precio de su propia sangre. El escritor de Hebreos nos recordó que no es «por sangre de machos cabríos ni de becerros, sino por su propia sangre, entró una vez para siempre en el Lugar Santísimo, habiendo obtenido eterna redención» (9.12). Simón Pedro profundizó en este punto, diciendo: «Sabiendo que fuisteis rescatados de vuestra vana manera de vivir, la cual recibisteis de vuestros padres, no con cosas corruptibles, como oro o plata, sino con la sangre preciosa de Cristo, como de un cordero sin mancha y sin contaminación» (1 Pedro 1.18-19).

No es de extrañar que cantaremos este «nuevo cántico» en el cielo. Solo Cristo es digno de nuestra adoración. Él es el único que fue inmolado y quien nos redimió con su sangre. Este versículo nos revela la esperanza de redención como también el alcance de la misma.

# LA ESPERANZA DE REDENCIÓN

Nuestra esperanza de redención se encuentra en Cristo y solo en Cristo. Como dijo Pablo: «En quien tenemos redención por su sangre, el perdón de pecados según las riquezas de su gracia» (Efesios 1.7).

La redención es el hilo escarlata que se encuentra entretejido a través de toda la Biblia. El término *redención* proviene de la palabra griega *agora* que significa «mercado». En su forma verbal en Apocalipsis 5.9, este vocablo indica que Jesucristo entró en el mercado y nos compró para pertenecerle solo a él. ¿Cuánto cree usted que vale para él? ¿Qué pagaría por usted? Nuestra redención tenía colocada una etiqueta de precio significativo. El costo fue la propia sangre de Cristo.

En este quinto capítulo de Apocalipsis, nos encontramos con una de las más grandes experiencias de adoración de todos los tiempos. ¿Qué es lo que nos da acceso a la presencia de Cristo cuando le adoramos? ¿Acaso es la celebración de ciertos rituales religiosos, la adoración de ciertas imágenes o íconos? La Biblia es explícita al respecto: tenemos acceso al trono de adoración por medio de la sangre del Señor Jesús, no solo en este escenario que tiene lugar en Apocalipsis, sino también en nuestro tiempo de devocional personal. Nuestra única esperanza de redención está en Cristo y en su sangre derramada por nosotros.

# EL ALCANCE DE LA REDENCIÓN

¿Quiénes están cubiertos con este precio? ¿Es solo para aquellos que están en un extremo del espectro económico o social?

¿Es solo para los que lucen y actúan como nosotros? El nuevo cántico celestial declara que el alcance de la redención de Dios se extiende a «todo linaje y lengua y pueblo y nación». Jesús alcanza a aquellos en las regiones tribales más remotas del mundo. Su redención no conoce barrera lingüística. Es para cada lengua. Y, ciertamente, es para cada pueblo y nación.

Recuerdo vívidamente la primera vez que vi la palabra *redención*. Tenía cerca de ocho años de edad y quería con desesperación un nuevo guante de béisbol. Eso fue antes de que usáramos las tarjetas de crédito en la medida en que se utilizan hoy. La mayoría de nosotros usamos esas tarjetas plásticas para ganar puntos a fin de poder adquirir ciertos bienes y servicios sin tener que pagar en efectivo por los mismos. En los «viejos tiempos», teníamos lo que se llamaban las «S&H Green Stamps» [estampillas verdes de S&H, la empresa Sperry & Hutchinson], las cuales cumplían el mismo fin. Cierto día, mientras hojeaba el catálogo de mi madre, vi un guante de béisbol de cuero auténtico que podría ser mío con dos libros y medio de las estampillas verdes. Por lo tanto, persuadí a mi mamá para que me diera las estampillas verdes que recibía de los supermercados, estaciones de servicio y lugares similares. Finalmente, después de algunos meses, había lamido y pegado las estampillas verdes suficientes en mis libros para adquirir mi guante.

Un sábado, mi papá me llevó al sur de Fort Worth. Nos detuvimos en un estacionamiento adyacente a un gran edificio de concreto blanco. Mientras entrábamos al edificio, observé por encima de la puerta las palabras «S&H Green Stamp Redemption Center» [Centro de redención de estampillas verdes de S&H]. Nunca antes había visto la palabra *redención* y no tenía idea de lo que significaba. Al ingresar al edificio, me aproximé a la caja y entregué mis dos libros y medio de estampillas verdes junto con la página del catálogo donde aparecía la foto del guante de béisbol. La cajera comenzó a pasar cada una de las páginas. Mi corazón comenzó a acelerarse. ¿Y si me faltó una página por completar? Luego, desapareció en un cuarto trasero. Minutos más tarde, regresó con una caja cuadrada y la empujó a través de la caja hacia mí. La abrí y, por supuesto, adentro había un guante de béisbol de cuero auténtico.

Me lo coloqué en la mano y comencé a pegarle al bolsillo del guante con mi otro puño. Hice eso durante todo el camino de regreso a casa. Un adolescente por la calle me había dicho que debía ponerle aceite de linaza al bolsillo del guante, envolver una pelota dentro del mismo y atarla con una banda elástica por la noche para darle forma al bolsillo. Creo que de hecho dormía con el guante puesto las primeras noches que lo tuve. Redimí ese guante con dos libros y medio de estampillas verdes de S&H.

Del mismo modo, nuestro querido Señor un día pasó por el mostrador de la redención… por usted. Su Padre lo envió. Así que atravesó sistemas solares, constelaciones y el espacio inmensurable. Y descendió todavía más para convertirse en una semilla indefensa que fue plantada en el vientre de una joven virgen para que creciera durante nueve meses. Y continuó descendiendo, para nacer en medio del estiércol y la suciedad de un establo de Belén. Y fue más abajo todavía, cuando por hacer el bien, lo golpearon, lo escupieron, lo despreciaron y se burlaron de él hasta que, finalmente, caminó hasta el mostrador de la redención. Allí, derramó su propia sangre para redimirlo. ¿Para qué? ¡Para llevarlo a su hogar con él!

Este es el mensaje del evangelio. Esta es la razón por la que un día nos uniremos a ese coro celestial para cantar un nuevo cántico, diciendo: «Digno eres… porque tú fuiste inmolado, y con tu sangre nos has redimido para Dios, de todo linaje y lengua y pueblo y nación».

Al memorizar este versículo, medite en el precio tremendo que nuestro Señor pagó para comprarlo en el mercado y llevarlo con él a su hogar.

# 48 ¡DIOS ESTÁ LLAMANDO!

*Y el Espíritu y la Esposa dicen: Ven. Y el que oye, diga:*
*Ven. Y el que tiene sed, venga; y el que quiera, tome*
*del agua de la vida gratuitamente.*

APOCALIPSIS 22.17

Tanto el Espíritu de Dios como la esposa de Cristo nos llaman a acercarnos al Señor Jesús. La esposa es claramente una referencia a la iglesia en el Nuevo Testamento, ese cuerpo de creyentes nacidos de nuevo que un día se reunirá con su Esposo, el Señor Jesucristo. La misión suprema de la iglesia es invitar a las personas a conocer a Cristo. También el Espíritu dice: «Ven». Aunque la iglesia tiene un llamado hacia afuera, el Espíritu del Dios vivo llama a nuestros corazones. Ambos trabajan al unísono: «Y el Espíritu y la Esposa dicen: Ven».

En el capítulo ocho de Romanos se nos presenta un efecto de reacción en cadena. Aquellos que Dios conoció, también los predestinó. A los que predestinó, a estos también llamó. A los que llamó, a estos también justificó. A los que justificó, a estos también glorificó. Este llamado misterioso de Dios a nuestros corazones constituye una parte significativa de su plan completo de redención. No es como si fuéramos imparciales en todo esto y Dios escoge a algunos para que vayan al cielo y a otros para que vayan al infierno. Esta es una suposición falsa porque la Escritura claramente nos enseña que ninguno de nosotros es imparcial. No estamos suspendidos en alguna especie de limbo. De hecho, todos nosotros nos apartamos del camino (Isaías 53.6). Todos hemos pecado y hemos sido destituidos de la gloria de Dios (Romanos 3.23). Nuestra salvación es solo por gracia por medio de la fe en Cristo (Efesios 2.8).

Por lo tanto, tenemos dos llamados distintos pero, a su vez, relacionados: el Espíritu dice: «Ven», y la iglesia, la esposa, resuena también el mismo llamado.

## EL LLAMADO INTERIOR

La Biblia dice que el Espíritu nos llama a acudir a Cristo. Este es el llamado interior a nuestros corazones. Puedo suplicarle de rodillas, con lágrimas en mis ojos, describirle los horrores del infierno y las maravillas del cielo, pero no se acercará verdaderamente a Cristo a menos que el Espíritu le dirija. El Señor mismo dijo: «Ninguno puede venir a mí, si el Padre que me envió no le trajere» (Juan 6.44). ¿Recuerda lo que el Señor le dijo a Pedro inmediatamente después de que hiciera su gran confesión en Cesarea de Filipo? Jesús lo bendijo y luego dijo: «No te lo reveló carne ni sangre, sino mi Padre que está en los cielos» (Mateo 16.17). Más tarde, Pablo añadiría: «Porque todos los que son guiados por el Espíritu de Dios, éstos son hijos de Dios» (Romanos 8.14). Y a los gálatas, Pablo les dijo que «agradó a Dios, que me apartó desde el vientre de mi madre, y me llamó por su gracia» (Gálatas 1.15). No para ser menospreciados, Pedro manifestó, diciendo: «Mas vosotros sois linaje escogido, real sacerdocio, nación santa, pueblo adquirido por Dios, para que anunciéis las virtudes de aquel que os llamó de las tinieblas a su luz admirable» (1 Pedro 2.9). Más adelante, en esta misma carta, Pedro sostuvo que el Dios de toda gracia «nos llamó a su gloria eterna» (5.10).

En Hechos 16, podemos encontrar una de las ilustraciones más hermosas de cuando el Espíritu llama a las personas a Cristo. Aquí se nos presenta a una comerciante muy exitosa llamada Lidia. Pablo estaba predicando y anunciando el llamado del Señor, y la Biblia nos revela que «el Señor abrió el corazón de ella» (Hechos 16.14), para recibir el mensaje del evangelio. Ciertamente, el Espíritu habla a nuestros corazones con su llamado, diciendo: «¡Ven!».

## EL LLAMADO EXTERIOR

Aquí hay una cooperación maravillosa del Espíritu de Dios trabajando en y a través de la iglesia del Señor Jesucristo. Dios ha escogido usar a la iglesia para anunciar su llamado a los corazones de los hombres y mujeres alrededor del mundo. No solo el Espíritu nos llama a venir a Cristo, sino también la esposa dice: «Ven».

Esto es lo que sucedió en la tumba de Lázaro, uno de los amigos terrenales más cercanos del Señor. Él se había quedado muchas noches en su casa en Betania. También había compartido muchas comidas en su mesa junto con sus hermanas, Marta y María. Ahora, Lázaro estaba muerto y sepultado. Jesús llegó al lugar y encontró un profundo duelo. Había un llamado exterior; había algo allí que las personas podían hacer. Podían correr la gran piedra que sellaba la tumba, pero solo Jesús tenía el poder para resucitar a Lázaro. Entonces, después de que la piedra fue removida, Jesús llamó al espíritu de Lázaro, diciendo: «¡Lázaro, ven fuera!» (Juan 11.43). ¡Y Lázaro salió! En cuanto a su llamado exterior, la responsabilidad de la iglesia es remover la piedra. Al llamar a los hombres a la fe, buscamos remover las piedras de la indiferencia, las piedras de la incredulidad, las piedras de la presunción, las piedras del orgullo, las piedras de la indecisión. Nuestra apologética y nuestra evangelización permiten que los hombres y mujeres sean más sensibles a oír el llamado interior de Cristo a sus corazones.

Mi mentor y predecesor pastoral W. A. Criswell abordó este tema complejo de una manera bastante sencilla de entender. A menudo, lo escuchaba decir que esas nobles y poderosas palabras teológicas como *designación*, *predestinación* y *santificación* estaban «allí arriba». Pertenecían a Dios. Debíamos dejarlas allí y no especular sobre ellas. Las palabras tales como *gracia*, *fe*, *arrepentimiento* y similares estaban «aquí abajo». Estas son las palabras de las que debemos ocuparnos. Cuanto más anciano me vuelvo, más convencido estoy de que él estaba en lo cierto en cuanto a su consideración. Nuestra parte es creer y recibir. Pues la Biblia dice: «Mas a todos los que le recibieron, a los que creen en su nombre, les dio potestad de ser hechos hijos de Dios» (Juan 1.12).

Al memorizar este versículo, medite en el hecho de que el Espíritu está llamando. Escuche el «silbo apacible y delicado» como lo llamó Elías (1 Reyes 19.12). No es audible; no obstante, cuando lo oye, es inconfundible. Dios está llamando.

# 49  ¡AQUÍ VIENE EL JUEZ!

*Porque es necesario que todos nosotros comparezcamos*
*ante el tribunal de Cristo, para que cada uno reciba*
*según lo que haya hecho mientras estaba en el cuerpo,*
*sea bueno o sea malo.*

2 CORINTIOS 5.10

Quizás no haya otro tema más relegado al olvido que el hecho de que cada uno de nosotros un día comparecerá ante el Juez supremo de toda la tierra. En este tribunal no habrá juicios nulos, ni apelaciones, ni libertad condicional, ni sentencias de adjudicación, ni jurados en desacuerdo. Es el único tribunal donde la justicia suprema y perfecta prevalecerá.

El tema de este juicio final también es uno de los más confusos en toda la Escritura. Sin embargo, cuando entendemos que existen por lo menos cuatro juicios venideros descritos en la Biblia, tenemos una mayor claridad y comprensión de lo que ha de venir. Aquí viene el Juez.

## EL JUICIO DEL PECADO

El primer juicio que nos concierne ya ha tenido lugar. Este es el juicio del pecado de los creyentes. Jesús dijo: «De cierto, de cierto os digo: El que oye mi palabra, y cree al que me envió, tiene vida eterna; y no vendrá a condenación, mas ha pasado de muerte a vida» (Juan 5.24). Nuestros pecados fueron juzgados en Cristo cuando fue crucificado en la cruz del Calvario. Él sufrió por nuestros pecados. Pagó nuestra condena. Tomó nuestro lugar en la cruz y soportó en su propio cuerpo la ira del juicio de Dios por el pecado. Como Pablo indicó: «Al que no conoció pecado, por nosotros lo hizo pecado» (2 Corintios 5.21).

Dios juzgó el pecado de los creyentes un oscuro día a las afueras de las murallas de la ciudad de Jerusalén, cuando Cristo murió en nuestro lugar para que pudiéramos disfrutar su vida por la eternidad. No es de extrañar que el gran apóstol Pablo comenzara el octavo capítulo informativo de Romanos al expresar: «Ahora, pues, ninguna condenación hay para los que están en Cristo Jesús» (v. 1). ¡Ninguna condenación! Me dan ganas de gritar mi gratitud a Dios por esas dos palabras y esa verdad que es tan inmerecida. Cristo murió en mi lugar y tomó el castigo y el juicio de mis pecados en su propio cuerpo.

## EL JUICIO DE LOS SANTOS

El hecho de que Jesús haya tomado nuestro lugar en el juicio del pecado no significa que no compareceremos delante de él, del Juez justo, en el juicio de los santos. A esto se lo conoce como el tribunal de Cristo. Pablo habla al respecto en 2 Corintios: «Porque es necesario que todos nosotros comparezcamos ante el tribunal de Cristo, para que cada uno reciba según lo que haya hecho mientras estaba en el cuerpo, sea bueno o sea malo» (5.10).

En este juicio, el cual tendrá lugar inmediatamente después de la venida de Cristo, todas nuestras obras serán juzgadas, no nuestros pecados. Esos fueron juzgados en la cruz. Nuestra salvación eterna no está en juego en este juicio. Aquí, cada creyente dará cuenta de sí mismo ante Dios, y aquel quien juzga bien todas las cosas evaluará y determinará el grado de nuestras recompensas. Uno de los aspectos más bellos sobre este juicio es que «abogado tenemos para con el Padre, a Jesucristo el justo» (1 Juan 2.1).

Cristo —nuestro abogado, nuestro propio abogado defensor— abogará por nuestra causa ante el tribunal del juicio. La buena noticia es que Dios no podrá ver nuestros pecados por causa de la sangre de Jesús.

## EL JUICIO DE LOS ESTADOS

El juicio de los estados, mejor conocido como el juicio de las naciones, tendrá lugar al concluir el período de la gran tribulación. Este es el juicio al cual el profeta Joel hizo alusión cuando dijo que Dios juzgará «a todas las naciones de alrededor» (Joel 3.12). Este juicio determina quién entrará al reinado milenario de Cristo. Aquí está en cuestión el trato de Israel durante el período de tribulación. Jesús dijo: «De cierto os digo que en cuanto lo hicisteis a uno de estos mis hermanos más pequeños, a mí lo hicisteis» (Mateo 25.40).

La Biblia dice que Israel es aún «la niña de su ojo» (Zacarías 2.8). De hecho, Dios dice acerca de Israel y de su pueblo escogido que «mis ojos y mi corazón estarán ahí para siempre» (2 Crónicas 7.16). Aquellos que están a salvo en este juicio son las ovejas que heredarán «el reino preparado para [ellas]» (Mateo 25.34). Los perdidos, los cabritos, son aquellos que irán «al castigo eterno» (v. 46). Solo aquellos que fueron salvos entrarán al venidero reino milenario de Cristo.

## EL JUICIO DE LOS PECADORES

El apóstol Juan fue el único de sus pares que no murió como mártir. A sus noventa y pico de años, fue exiliado a la solitaria isla de Patmos por los romanos, donde Dios le abrió los cielos y le reveló lo que había de venir. Juan lo expresó así: «Y vi un gran trono blanco y al que estaba sentado en él, de delante del cual huyeron la tierra y el cielo, y ningún lugar se encontró para ellos. Y vi a los muertos, grandes y pequeños, de pie ante Dios; y los libros fueron abiertos… Y el que no se halló inscrito en el libro de la vida fue lanzado al lago de fuego» (Apocalipsis 20.11-12, 15). Este juicio del gran trono blanco viene a continuación del reinado de los mil años de Cristo. Solo aquellos que no han puesto su confianza en Cristo para su salvación comparecerán ante este juicio.

Cada persona impía que haya vivido en esta tierra comparecerá ante Cristo para dar cuenta de sus vidas. El libro de la vida del Cordero será abierto. Este libro contiene los nombres de todos aquellos que han recibido a Cristo como su Salvador y Señor durante su peregrinaje terrenal. Los impíos que estén delante de Dios verán que había un espacio donde sus nombres pudieron haber sido escritos.

Piense en los miles de millones de personas que comparecerán ante el gran trono blanco. ¿Cuánto tiempo les tomará presentarse, uno por vez, ante Dios y rendir cuenta de todo lo que han hecho? No importará. El tiempo ya no existirá. La eternidad habrá comenzado. A estas almas perdidas se las declarará culpables, se determinará el grado de su pena y serán lanzadas a una eternidad de tinieblas para siempre. Perdidos sin esperanzas, perdidos sin ayuda, perdidos más allá del tiempo, perdidos sin Cristo… perdidos. Perdidos, para siempre.

Aquí viene el Juez. Cristo viene a juzgar al mundo. Él es el único Juez justo. Ninguno de nosotros podrá juzgar el corazón de alguien más. A fin de cuentas, podemos descansar en la verdad de Génesis 18.25: «El Juez de toda la tierra, ¿no ha de hacer lo que es justo?».

En definitiva, la única pregunta que realmente importa en este mundo, y en el venidero, es esta: ¿está su nombre en el libro de la vida?

Al memorizar este versículo, medite en el maravilloso privilegio que, como creyentes, tenemos en Cristo, nuestro abogado. Y hágase esta pregunta: ¿está mi nombre en el libro de la vida?

# 50 EL CIELO

*Mas nuestra ciudadanía está en los cielos, de donde*
*también esperamos al Salvador, al Señor Jesucristo.*

FILIPENSES 3.20

Vivimos en un mundo donde un número de personas cada vez mayor no creen en el infierno, un lugar de castigo eterno. Una pregunta bastante frecuente es: «¿Cómo puede un Dios amoroso permitir que alguien vaya al infierno?». Mi problema siempre ha sido justamente el opuesto. Con esto quiero decir que no tengo ningún problema con creer en el infierno. Pero ¿cómo puede haber un lugar tan maravilloso como el cielo? ¿Cómo pueden el amor y la gracia de Dios ser tan asombrosos para hacer posible que un pecador como yo pase la eternidad en un lugar semejante?

Juan vio «una puerta abierta en el cielo» (Apocalipsis 4.1) desde esa solitaria isla rocosa del exilio llamada Patmos. Dios nos ha dejado algunas puertas abiertas en las Escrituras a través de las cuales podemos vislumbrar lo que nos espera allí. Echemos un vistazo a lo que tenemos por delante para aquellos que confían en él.

# EL CIELO ES UN LUGAR REAL

El cielo es real. A través del tiempo, Dios ha plantado dentro del corazón del hombre un anhelo por ese lugar. Todos los pueblos primitivos creían en la vida después de la muerte. En la antigüedad, los cavernícolas pintaban al respecto sobre las paredes de sus cuevas. Hace más de tres mil años, los egipcios sepultaban a sus faraones con provisiones, utensilios para comer, armas e incluso sirvientes en su búsqueda por una vida más allá de esta. Los indios americanos tenían su «paraíso» donde creían que los muertos revivían. Dios ha plantado e infundido dentro del mismo ser del hombre un deseo por una vida más allá de la que tenemos en la tierra.

Este anhelo aún continúa. Cada vez que un científico entra al laboratorio con una fuerte motivación que lo impulsa a encontrar una cura para el cáncer o el SIDA, constituye la expresión de un hambre inconsciente por un mundo libre de dolor y enfermedad. El cielo es ese lugar. Cada trabajador social que esté sinceramente motivado para luchar contra las malas condiciones de vida tiene un anhelo subconsciente por un mundo sin pobreza ni indigencia. Cada ambientalista motivado para limpiar y purificar el medioambiente se encuentra en una búsqueda de un mundo más puro y hermoso. Los estadistas que se sientan para discutir sobre la paz en los sitios conflictivos de nuestro orbe están simplemente en búsqueda de un mundo sin guerra ni conflicto.

El alma humana necesita el cielo, solo allí se puede terminar lo que dejemos inconcluso aquí. Sir Isaac Newton, cuya mente, se dice, podía dominar las verdades más profundas tan fácilmente como la mayoría de nosotros podemos dominar nuestro abecedario, una vez dijo: «Fui solo un niño que, jugando en la playa, halló una piedra más fina o una concha más linda de lo normal mientras que el gran océano de la verdad se extendía inexplorado ante mí». El cielo es real. Es un lugar. Jesús dijo: «Voy, pues, a preparar lugar para vosotros» (Juan 14.2). Es un lugar real y tangible.

## EL CIELO ES UN LUGAR DE RESPLANDOR

El cielo no es simplemente un sitio. Es un lugar que fue preparado para nosotros (Juan 14.2) y es hermoso. Dios ama la belleza o nunca habría hecho las cosas tan hermosas en esta tierra maldecida por el pecado. Juan pudo vislumbrar la belleza del cielo y escribió algunos símbolos sencillos para que nuestras pobres mentes finitas pudieran comprender: «El material de su muro era de jaspe; pero la ciudad era de oro puro, semejante al vidrio limpio» (Apocalipsis 21.18). No es de extrañar que más adelante el apóstol Pablo dijera: «Cosas que ojo no vio, ni oído oyó, ni han subido en corazón de hombre, son las que Dios ha preparado para los que le aman» (1 Corintios 2.9). ¿Podría ser que el cielo sea «semejante al vidrio limpio» porque no habrá nada que esconder allí?

El cielo es un lugar de belleza y resplandor sin igual. El libro de Apocalipsis está lleno de descripción tras descripción de su gloria. Ni el tiempo ni el espacio ni el vocabulario humano nos permiten intentar formular una explicación de su resplandor.

# EL CIELO ES UN LUGAR DE DESCANSO

Una gran parte de la vida en este planeta está llena de agotamiento, dolor, luchas y presiones de todo tipo. Pero cuando caminemos por las calles doradas del cielo, nunca veremos un hospital. Ya no habrá más enfermedad. Nunca veremos un centro terapéutico. Ya no habrá más depresión ni enfermedades mentales. Nunca veremos una funeraria. No habrá más muerte allí. Nunca veremos a un oficial de policía uniformado o una estación de policía. Allí no hay delitos. No habrá tribunales en las plazas. Ya no habrá demandas ni nadie que busque engañar a alguien más por algo que le corresponde. Ya nunca más oiremos el sonido agudo de la sirena de una ambulancia. Ya no habrá más emergencias. Nunca más tendremos que cerrar con llave nuestra casa ni mirar detrás de nosotros para ver quién nos está siguiendo cuando caminamos. Ya no habrá más temor. Nunca más veremos un estacionamiento para personas con discapacidad o una rampa para una silla de ruedas. Allí no habrá hogares de ancianos porque nunca envejeceremos. El cielo es un lugar de descanso.

Hay muchos «no más» en el cielo. No más muerte. No más lágrimas. No más sufrimiento. No más llanto. No más dolor. No más despedidas. No más separación. No más tristeza. No más pecado. Todo aquello que pueda robarnos el gozo en este mundo se habrá ido, para siempre. El cielo es un lugar de descanso.

# EL CIELO ES UN LUGAR DE RECONOCIMIENTO

Nos conoceremos el uno al otro en el cielo. De hecho, la Biblia dice que conoceremos como fuimos conocidos. Cuando Pedro, Jacobo y Juan estaban con Cristo en el monte de la transfiguración, Moisés y Elías se aparecieron delante de ellos en sus cuerpos glorificados y los reconocieron fácilmente (Mateos 17). Nadie tendrá que presentarme a Pablo ni a Pedro ni a ningún otro, y estos héroes de la fe lo conocerán a usted y a mí. Una cosa es conocer al presidente de Estados Unidos, pero otra muy diferente es que él nos conozca, nos llame por nuestro nombre. En el cielo conoceremos y seremos conocidos.

Recientemente, un científico de la NASA especuló sobre la posibilidad de hallar vida extraterrestre en otros planetas. Tengo noticias para él. Hay vida extraterrestre en *nuestro* planeta. Aquellos que somos cristianos no pertenecemos a este mundo, pues «nuestra ciudadanía está en los cielos» (Filipenses 3.20). Somos ciudadanos de otro reino. Simplemente estamos de paso de camino a casa.

# EL CIELO ES UN LUGAR DE RECOMPENSA

La Biblia habla en reiteradas ocasiones sobre ciertas coronas que recibirán los creyentes en el cielo como recompensas. Está la corona de justicia que será dada a los que viven en santidad y «a todos los que aman su venida» (2 Timoteo 4.8). También está la corona incorruptible que la recibirán aquellos que corrieron la buena carrera y terminaron firmes en la fe de Cristo (1 Corintios 9.24-27). Luego, está la corona de la vida (Apocalipsis 2.10). Esta corona también se la conoce como la corona del mártir, y será dada a aquellos que atraviesan grandes tribulaciones e incluso la muerte en nombre de Cristo y a causa de su servicio. También está la corona de gozo, conocida como la corona por las almas ganadas (1 Tesalonicenses 2.19-20). Esta recompensa será dada a aquellos hombres y mujeres que son instrumentos en guiar a otras personas a la fe en Cristo. Por último, está la corona de gloria que la recibirán los pastores y maestros fieles que enseñan la Palabra de Dios en verdad y fidelidad (1 Pedro 5.4).

Estas coronas no son para lucirlas mientras caminamos por las calles del cielo. En una de las escenas más humildes y bellas aún por suceder, tomaremos nuestras coronas y las pondremos a los pies de Cristo. Solo él es digno de recibir «el poder, las riquezas, la sabiduría, la fortaleza, la honra, la gloria y la alabanza» (Apocalipsis 5.12).

Muchos tienen la idea de que el cielo está muy lejos. No es así. Está a un latido de distancia. Santiago preguntó: «¿Qué es vuestra vida?». Luego respondió su propia pregunta al indicar que la vida no es más que neblina. Aparece por un poco de tiempo, y luego se desvanece (Santiago 4.14). Para cada uno de nosotros, uno de estos días ese viejo corazón va a detenerse. Entonces, en un abrir y cerrar de ojos, comenzaremos la eternidad… donde sea que fuera. Dentro de diez mil años continuará con vida… en alguna parte. El cielo aguarda a todo aquel que ha conocido a Dios por medio de la fe en Cristo. Jesús es el camino, el único camino, a la casa del Padre.

Al memorizar este versículo, medite en el hecho de que su ciudadanía está en el cielo. Como dice el viejo himno: «El mundo no es mi hogar, soy peregrino aquí». ¿Quién no quisiera vivir en un lugar como el cielo… por la eternidad?

# 51 ÚLTIMAS PALABRAS FAMOSAS

*El que da testimonio de estas cosas dice: Ciertamente
vengo en breve. Amén; sí, ven, Señor Jesús.*

APOCALIPSIS 22.20

Siempre resultan intrigantes las últimas palabras que los hombres y las mujeres pronuncian. En el versículo de esta semana, encontramos la última promesa de la Biblia de los labios de Cristo y la última oración de la Biblia de los labios de Juan. Cuando, después de su misión terrenal, nuestro Señor ascendió al Padre, dos ángeles se les aparecieron a sus seguidores, diciendo: «Varones galileos, ¿por qué estáis mirando al cielo? Este mismo Jesús, que ha sido tomado de vosotros al cielo, así vendrá como le habéis visto ir al cielo» (Hechos 1.11). Ahora, en la última página de la Biblia, Jesús concluye este Libro de libros con el mismo tema. Este mismo Jesús promete: «Ciertamente vengo en breve». Y cada generación desde el siglo primero ha aguardado «la esperanza bienaventurada», su «manifestación gloriosa» (Tito 2.13).

La Biblia habla de tres venidas importantes. Primeramente, está la primera venida de Cristo, nacido de una virgen en la pequeña aldea desconocida de Belén. Él vino y «habitó entre nosotros» (Juan 1.14). Durante treinta y tres años, Jesús nos mostró el verdadero amor. Sin embargo, muchos no le reconocieron. Creyeron, en el mejor de los casos, que era solo otro de los profetas.

Luego, está la venida del Espíritu Santo que predijo especialmente el profeta Joel. Esta venida tuvo lugar en el día de Pentecostés, cuando el Espíritu Santo vino a habitar en el corazón de los creyentes, para nunca desampararnos, empoderándonos para servirle. En la antigua dispensación, el Espíritu Santo descendía sobre las personas, pero cuando eran infieles, se apartaba. Uno de los versículos más tristes de las Escrituras es cuando la Biblia revela que el Espíritu Santo «se había apartado» de Sansón (Jueces 16.20). El rey David, en su oración de arrepentimiento en Salmos 51, oró: «No quites de mí tu santo Espíritu» (v. 11). Pero hoy en día, en esta dispensación de la gracia, ningún cristiano necesita hacer esa oración. Cuando recibimos a Cristo, el Espíritu Santo viene a vivir en nosotros y promete que nunca nos dejará. Como aconteció con la primera venida de Cristo, cuando el Espíritu Santo descendió de esta manera, muchos no le reconocieron. Acusaron de ebrios a todos aquellos que habían sido llenos del Espíritu en Pentecostés (Hechos 2.15).

La única venida importante que aún no se ha cumplido es el regreso, la segunda venida de Jesucristo. Así como vino la primera vez, ciertamente regresará. Regresará por su esposa, la iglesia. Y cuando reaparezca, todos los creyentes le reconocerán por lo que él es, nuestro Rey poderoso. La Biblia indica que nadie conoce el día ni la hora cuando nuestro Señor ha de venir (Marcos 13.32). No obstante, al igual que con las otras dos venidas, hay señales e indicadores de que este gran evento está cerca.

# LA ÚLTIMA PROMESA DE LA BIBLIA

Existen miles de promesas en la Biblia, pero la de Apocalipsis 22.20, aún por cumplirse, marca el clímax de la historia. Jesús dijo: «Ciertamente vengo en breve». ¿Existen algunas señales de que este acontecimiento, el mayor en la historia de la humanidad, podría suceder pronto? Si bien nadie puede especular sobre el tiempo exacto, hay varios acontecimientos que anunciarán el regreso de Jesús.

Debemos estar atentos al *púlpito corrompido*. La Biblia dice que una de las señales de que la venida de Jesús está cerca es que las iglesias se desviarán de la verdad. Pablo dijo: «Porque vendrá tiempo cuando no sufrirán la sana doctrina… y apartarán de la verdad el oído» (2 Timoteo 4.3-4). Vivimos en ese tiempo: las denominaciones están muriendo, y en muchos púlpitos ya no se predica a Jesús como «el camino, y la verdad, y la vida» (Juan 14.6).

Debemos prestarle atención a un *lugar en particular*. Antes de que Cristo vuelva, la Biblia dice que la pequeña nación de Israel volverá a ser protagonista en el escenario mundial. Dios ha prometido: «Y traeré del cautiverio a mi pueblo Israel» y serán plantados sobre su tierra (Amós 9.14). Nuestra generación ha visto el milagro del renacimiento del Estado de Israel. Por primera vez desde los días de Nabucodonosor y el cautiverio babilónico, los hijos de Israel gobiernan su propia nación desde el capitolio de Jerusalén. Después de que el pueblo escogido de Dios pasara dos mil quinientos años en el exilio, pude presenciar este milagro con mis propios ojos en mi generación.

Debemos estar atentos a *personas peculiares*. Moisés, hace tiempo, predijo que «Jehová os esparcirá [a los judíos] entre los pueblos», y que «ni aun entre estas naciones descansarás» (Deuteronomio 4.27; 28.65). Sin embargo, Ezequiel habló de cierto día cuando Jehová dijo: «Yo os tomaré de las naciones, y os recogeré de todas las tierras, y os traeré a vuestro país» (Ezequiel 36.24). Si bien hay un debate legítimo con respecto a si el actual estado secular sionista es el Israel bíblico que ha de venir, lo cierto es que están aconteciendo cosas inusuales entre estas *personas peculiares*, los judíos (Deuteronomio 26.18; Tito 2.14).

Debemos prestarle atención a las *políticas poderosas*. La Biblia indica que, antes de la venida de Cristo, una coalición poderosa de naciones emergerá en Europa de las ruinas del antiguo imperio romano. Daniel se refirió a esto como «los diez cuernos» del imperio romano ancestral (Daniel 7.15-25). De este nuevo orden mundial emergerá un solo gobierno con una moneda en común. Esto parece estar sucediendo delante de nuestros ojos.

Debemos estar atentos a la aparición de un *político popular*. Poco antes del regreso de Cristo, surgirá un líder electrizante en el escenario mundial. A este se lo conocerá como el anticristo (1 Juan 2.18). Este líder carismático prometerá un mundo de paz. Prometerá librar al orbe de la guerra y aportar soluciones a la economía mundial y a los problemas políticos. Muchos del mundo le seguirán.

Debemos esperar ver una *filosofía pluralista*. La Biblia predice que se levantará una nueva religión que buscará unificar al mundo bajo una sola bandera (2 Timoteo 4.4). Una nueva era de creencias humanistas buscará exaltar al hombre por sobre Cristo. Cada vez que veo algún colgante de la Nueva

Era de un espejo retrovisor, quiero unirme a la oración de Juan: «¡Sí, ven, Señor Jesús!».

## LA ÚLTIMA ORACIÓN DE LA BIBLIA

Después de oír esta promesa maravillosa de los labios de su Salvador, el primer impulso de Juan fue irrumpir en oración: «¡Sí, ven, Señor Jesús!» (Apocalipsis 22.20). Solo cuatro palabras. A veces, algunas de las oraciones más poderosas son las más breves. En esta oración Juan anticipa el regreso del Señor, el cual marcará el comienzo de una nueva era de paz, a la que le seguirá el reinado de mil años de Cristo en la tierra y luego el cielo, cuando el tiempo dejará de existir.

Nunca conoceremos la paz internacionalmente hasta que tengamos paz en la nación. Esto nunca sucederá hasta que tengamos paz en el estado. Nunca tendremos paz en nuestro estado hasta que tengamos paz en nuestra ciudad. Y la paz nunca llegará a nuestra ciudad sin que primeramente llegue a mi calle. Esto resultará imposible a menos que tengamos paz en mi cuadra. Nunca tendremos paz en mi cuadra a menos que tengamos paz en mi propio hogar. Y no tendré paz verdadera en mi hogar a menos que halle paz en mi corazón, y eso solo puede suceder si personalmente conozco al Príncipe de Paz. Jesús va a regresar para traer un reino de verdad y paz duradera entre nosotros. Unámonos a la oración de Juan al decir: «¡Sí, ven, Señor Jesús!».

Al memorizar este versículo, medite en este asombroso acontecimiento que ha de venir. Y examine su vida para asegurarse de que está preparado y que no será avergonzado en su venida. «Ciertamente vengo en breve… ¡Sí, ven, Señor Jesús!».

# 52 EL FACTOR TEMOR

*El fin de todo el discurso oído es este:*
*Teme a Dios, y guarda sus mandamientos;*
*porque esto es el todo del hombre.*

ECLESIASTÉS 12.13

$$\diamond\diamond\diamond\diamond\diamond\diamond\diamond\diamond\diamond\diamond\diamond\diamond$$

*H*emos llegado al final de este volumen. Es apropiado en este punto destacar las palabras de Salomón, el hombre más sabio que jamás haya existido y que, inspirado por el Espíritu Santo, dijo: «El fin de todo el discurso oído es este». Ahora bien, esta afirmación debería hacernos reaccionar. Salomón ha prometido compartir «el fin de todo el discurso». Y es este: ¡Tema a Dios! «Teme a Dios, y guarda sus mandamientos; porque esto es el todo del hombre».

Sin embargo, hoy vivimos en lo que podría denominarse una «cultura sin temor». Las últimas generaciones han crecido prácticamente sin absolutos morales, así que el relativismo hace estragos en nuestra sociedad. Por consiguiente, los jóvenes viven sin temor. Incluso hay una empresa textil que comercializa esta filosofía. Sus gorras y camisetas llevan un logo sencillo que dice: «No Fear» [Sin temor]. Por desdicha, en lugar de que la iglesia influencie la cultura, esta —por lo general—, influencia a la iglesia. Por lo tanto, descubrimos que el tema del «temor de Jehová» se ha vuelto un concepto olvidado en muchos lugares de adoración.

¿Cuándo fue la última vez que hemos oído un sermón sobre —o que nos fue dada una expresión consciente de— el temor de Jehová? Es como si Isaías nos estuviera preguntando a nosotros y no simplemente a su propia cultura: «¿Quién hay entre vosotros que teme a Jehová, y oye la voz de su siervo?» (Isaías 50.10).

## LA PREGUNTA DEL «*POR QUÉ*»

¿Por qué hay tantos creyentes hoy en día que viven en una «cultura sin temor» en la que el temor de Jehová es un tópico olvidado? ¿Podría llegar a ser que hemos perdido el sentido de la santidad de nuestro Dios? Cuando Isaías recibió la visión de la santidad de Dios, dijo: «¡Ay de mí!» (Isaías 6.5). Cuando Juan vio al Señor en su gloria, dijo que cayó como muerto a sus pies (Apocalipsis 1.17).

En toda la Biblia hay una característica que los creyentes tenían en común: vivían en el temor de Jehová. Todos los santos del Antiguo Testamento caminaban en el temor de Dios. Noé «con temor» preparó el arca (Hebreos 11.7). El secreto de la mujer virtuosa de Proverbios 31 era que «teme a Jehová» (v. 30). Sucede lo mismo con los evangelios. La joven virgen María entonó un cántico de alabanza, el cual se conoce como el Magníficat, acerca de que «su misericordia es de generación en generación a los que le temen» (Lucas 1.50). El temor de Jehová se encuentra en casi todas las páginas de Hechos. En Pentecostés, leemos que «sobrevino temor a toda persona; y muchas maravillas y señales eran hechas por los apóstoles»

(Hechos 2.43). Las epístolas de Pablo están repletas de este mismo tema. Les dijo a los romanos: «Tú por la fe estás en pie. No te ensoberbezcas, sino teme [a Dios]» (Romanos 11.20). En Efesios 5.21, Pablo expresó: «Someteos unos a otros en el temor de Dios». Y, finalmente, en el último libro de la Biblia, al revelarse la escena final del cielo, Juan dejó registrado que salió una gran voz del trono que decía: «Alabad a nuestro Dios todos sus siervos, y los que le teméis, así pequeños como grandes» (Apocalipsis 19.5).

Por consiguiente, nos confrontamos con la pregunta del «¿por qué». ¿Por qué —cuando todos esos santos del Antiguo Testamento, todas esas personas a través de los evangelios, todos aquellos mencionados en Hechos, todas las instrucciones de las epístolas y, finalmente, el mismo cielo— es este tema constante del pueblo de Dios un tópico olvidado en la actualidad? ¿Acaso hemos perdido el sentido de la santidad de Dios?

## LA PREGUNTA DEL «QUÉ»

¿Qué significa vivir en el temor de Dios? ¿Significa tener que vivir en constante temor de que si decimos algo o hacemos algo equivocado, Dios nos dará nuestro merecido? Nada podría estar más alejado de la realidad bíblica. La palabra para temor utilizada con mayor frecuencia en el Antiguo Testamento significa: «pararse delante de Dios con reverencia y respeto». La palabra más común para temor en el Nuevo Testamento es muy semejante a esta. Habla de un asombro reverencial que se vuelve la motivación que controla nuestras vidas.

Hace muchos años, cuando era un creyente joven, mi pastor me enseñó a caminar en el temor de Jehová. Este temor no traía ningún tipo de preocupación de que Dios iba a poner su mano poderosa de disciplina sobre mí. El temor de Dios no se trata de que él vaya a poner su mano *sobre* mí, sino que vaya a quitar su mano *de* mí. Temer a Dios significa vivir siendo consciente de que no quiere hacer nada que pueda provocar que Dios quite su mano de bendición y unción de su vida. Vivir con este pensamiento consciente hará una enorme diferencia en nuestros estilos de vida al caminar en el temor de Dios.

## LA PREGUNTA DEL «*CÓMO*»

Por último, ¿cómo podemos comprender las verdades bíblicas y empezar a vivir en el temor de Jehová? ¿Por dónde comenzamos? Empezamos en el lugar donde comenzamos todo en la vida cristiana: la Palabra de Dios. Salomón formuló muy bien este tema al Dios hablarnos directamente a nosotros a través de él: «Si recibieres mis palabras, y mis mandamientos guardares dentro de ti, haciendo estar atento tu oído a la sabiduría… inclinares tu corazón a la prudencia… clamares a la inteligencia, y a la prudencia dieres tu voz; si como a la plata la buscares, y la escudriñares como a tesoros, *entonces entenderás el temor de Jehová*» (Proverbios 2.1-5, énfasis añadido).

En su tiempo devocional en la lectura bíblica, comience a marcar con un círculo el concepto del temor de Jehová cada vez que aparezca. Se sorprenderá de cómo Dios se lo pone delante de sus ojos. Entonces comenzará a caminar en el temor de Jehová. Es una experiencia a través de la cual aprenderá.

Ciertamente, cuando el hombre más sabio que ha existido, inspirado por el Espíritu de Dios, dice: «El fin de todo el discurso oído es este», realmente debemos prestarle atención. Este fue el mensaje de Salomón: «Teme a Dios, y guarda sus mandamientos; porque esto es el todo del hombre».

Al memorizar este versículo, tome su concordancia y medite en las referencias sobre el temor de Jehová que encuentre allí. Y, en el proceso, recuerde que el temor de Dios no tiene que ver con temer que él pueda poner su mano de retribución *sobre* usted, sino del temor de que pueda quitar su mano de bendición y unción *de* su vida. «¿Quién hay entre vosotros que teme a Jehová?» (Isaías 50.10).

# EL DON DE LA VIDA ETERNA

Tal vez, durante la lectura de este libro, el Espíritu de Dios lo haya guiado a poner su fe y su confianza —en cuanto a la vida eterna— únicamente en Cristo. El cielo es el regalo gratuito de Dios para usted; no puede ganarse ni merecerse. Es cierto, somos pecadores y hemos sido destituidos de la gloria de Dios. Él es un Dios de amor y no quiere castigarnos por nuestros pecados, pero también es un Dios de justicia y debe castigar el pecado.

Aquí es donde el Señor Jesús hace su aparición. Él es el infinito Dios hecho hombre, quien vino para cargar nuestros pecados sobre su propio cuerpo en la cruz. Jesús se hizo pecado por nosotros «para que nosotros fuésemos hechos justicia de Dios en él» (2 Corintios 5.21). Sin embargo, no es suficiente simplemente conocer todos estos hechos; debemos individualmente transferir la confianza que tenemos en nosotros mismos y en nuestro propio esfuerzo humano a Cristo, y depositar nuestra fe en él para nuestra salvación personal.

El Señor Jesús dijo: «He aquí, yo estoy a la puerta y llamo; si alguno oye mi voz y abre la puerta, entraré a él» (Apocalipsis 3.20). Si quiere recibir el don gratuito de la vida eterna a través de Jesucristo, invoque su nombre ahora mismo. Él ha prometido que «todo aquel que invocare el nombre del Señor, será salvo» (Romanos 10.13). Sugiero que haga la siguiente oración:

> *Querido Señor Jesús:*
>
> *Reconozco que he pecado y que no soy merecedor del don de la vida eterna. Te doy gracias por morir en la cruz por mí. Por favor, perdóname por mi pecado y ven a morar en mi vida ahora mismo. Acudo a ti y pongo toda mi confianza en ti para mi salvación eterna. Acepto ahora tu don gratuito de la vida eterna y tu perdón. Gracias por entrar en mi vida.*

Si esta oración es el deseo de su corazón, puede reclamar la promesa que Jesús hizo para los que creen en Él: «De cierto, de cierto os digo: El que cree en mí, tiene vida eterna» (Juan 6.47).

Ahora puede unirse a los millones de seguidores de Cristo y decir: «Tú y solo tú eres el único Cristo, el Salvador del mundo y el que ama mi alma». ¡Cuéntele a alguien que acaba de recibir a Cristo como su único Salvador personal!

# MISSION:DIGNITY

*T*odas las regalías del autor y las ganancias derivadas de *La clave de Josué* son destinadas a apoyar a Mission:Dignity, un ministerio de GuideStone Financial Resources con sede en Dallas, el cual permite a miles de ministros jubilados (y, en la mayoría de los casos, sus viudas) que viven por debajo de la línea de pobreza, vivir sus días con dignidad y seguridad. Muchos de ellos ejercieron su ministerio pastoral en iglesias pequeñas, las cuales fueron incapaces de proveer de manera adecuada para su jubilación. Asimismo, vivían en casas pertenecientes a la iglesia y, a raíz de su retiro vocacional, también tuvieron que mudarse. Mission:Dignity es una forma de hacerles saber a estos siervos buenos y devotos que no son olvidados y que se les cuidará en sus últimos años de vida.

Todos los gastos de este ministerio se pagan con un fondo que se recauda para tal fin, de modo que todo aquel que ofrende para Mission:Dignity puede tener la seguridad de que cada centavo de sus donaciones va para uno de esos santos valiosos en necesidad.

Para mayor información con respecto a este ministerio, por favor diríjase a www.guidestone.org y haga clic en el ícono Mission:Dignity, o comuníquese al número telefónico 1-888-98-GUIDE (1-888-984-8433).

# ACERCA DEL AUTOR

*P*or más de veinticinco años, O. S. Hawkins sirvió al pastorado en la primera Iglesia Bautista en Fort Lauderdale, Florida, y en la primera Iglesia Bautista en Dallas, Texas, entre otras. Originario de Fort Worth, cuenta con tres títulos (BA, MDiv y DMin) y varios títulos honoríficos. Es presidente de GuideStone Financial Resources, que brinda prestaciones de jubilación y servicios a 200.000 pastores, personal de la iglesia, misioneros, doctores, enfermeras, profesores universitarios y otros trabajadores de diferentes organizaciones cristianas. Es autor de más de veinticinco libros, y predica regularmente en conferencias bíblicas, actividades evangelísticas y en iglesias de todo el país. Él y su esposa, Susie, tienen dos hijas casadas y seis nietos.